U0488909

沈从文与丁玲（修订本）

沈从文与丁玲，

说不尽的沈从文　说不尽的丁玲

李辉 著

中原出版传媒集团
中原传媒股份有限公司
大象出版社
·郑州·

图书在版编目(CIP)数据

沈从文与丁玲/李辉著.— 修订本.— 郑州：大象出版社，2019.5
ISBN 978-7-5347-9998-3

Ⅰ.①沈… Ⅱ.①李… Ⅲ.①沈从文（1902-1988）—生平事迹②丁玲（1904-1986）—生平事迹 Ⅳ.①K825.6

中国版本图书馆 CIP 数据核字(2018)第 279966 号

沈从文与丁玲（修订本）
SHENCONGWEN YU DINGLING (XIUDING BEN)
李　辉　著

出 版 人	王刘纯
责任编辑	杨　兰　司　雯
责任校对	毛　路
装帧设计	张　帆　但汉琼

出版发行	大象出版社（郑州市郑东新区祥盛街 27 号　邮政编码 450016）
	发行科　0371-63863551　　总编室　0371-65597936
网　　址	www.daxiang.cn
印　　刷	洛阳和众印刷有限公司
经　　销	各地新华书店经销
开　　本	787mm×1092mm　1/16
印　　张	16.25
字　　数	210 千字
版　　次	2019 年 5 月第 1 版　2019 年 5 月第 1 次印刷
定　　价	48.00 元

若发现印、装质量问题，影响阅读，请与承印厂联系调换。
印厂地址　洛阳市高新区丰华路三号
邮政编码　471003　　　　　电话　0379-64606268

那些无法忘怀的往事
——《沈从文与丁玲》（修订本）序

李 辉

能够在1990年完成《恩怨沧桑——沈从文与丁玲》一书，最应感谢的无疑是萧乾先生。

萧乾（本名萧秉乾）1929年从汕头回到北平，进入燕京大学学习。他没有中学文凭，不能直接上大学，只能选择燕京大学国文专修班。为他们授课的便是杨振声先生。

杨振声在五四运动中可是一员猛将。在北京大学念书时，他和许德珩等人一起参加了火烧赵家楼的行动。"五四新文学"起步之初，杨振声发表的《玉君》即为当年的第一部长篇小说。在一次课堂上，杨振声关于沈从文的一番介绍，令萧乾印象深刻：

这些年，文坛上出现了一个很特殊的人物。他生长在中国南部的一个偏僻的山区，从小没受过什么正规教育。他当过兵，当过流浪汉，一个人在世上闯荡。尽管他没有受过正规教育，可他的小说却富有修养，使整个文坛耳目一新。他的风格，与所有固有的规范相反，完全是一种新的表达形式。评论家们给他很高的评价。说他给中国语文带来新的活力和自由。他的作品，弥漫着幽默，又具有深思的特性。他的语言风格很有些古怪。不管主题本身是否有趣，他都能以令人惊奇的、有力的想象来形成。他就是——

杨振声拿起一截粉笔，转过身，在黑板上写出三个大字：沈从文。

大约不到一年，1930年，杨振声告诉萧乾："沈从文到北平了，住在我家，你来见见吧。"这是萧乾与沈从文的第一次见面。沈从文生于1902年，萧乾生于1910年，年龄相差八岁。见面时，萧乾已经走进辅仁大学英文系读书。此时，他与一位美国青年安澜合作，参与创办英文版《中国简报》。萧乾计划在英文版《中国简报》上连续介绍中国作家，如鲁迅、郭沫若、茅盾、闻一多、郁达夫等，并从中选择翻译他们的部分作品。见到沈从文，他决定写一篇关于沈从文的英文文章，标题为：*A Great Satirist—Humanist of China Today*（《今日中国一个杰出的人道主义讽刺作家》）。

从此，萧乾与沈从文关系一直颇为密切。

1933年8月，萧乾收到一封沈从文写于8月9日的来信：

秉乾弟：

见某日报上，载有燕大编级生一个你的名字，猜想你到了北平。我已从青岛跑来北平，目前住西城西斜街55号甲杨先生家里，想出城来找你，可一时不能出城。你若有事进了城，爱依然骑你那自行车到处跑，高兴跑到我住处来玩玩，我大多数总在家中。晚上不便回校可住在我住处。

很念你。

从文

八月九日

收到来信，萧乾骑车从燕京大学赶到城内，与沈从文见面。不久，沈从文与张兆和结婚，住在城内，那里也就成了萧乾经常去的地方。此时的沈从文，负责编辑《大公报》"文艺副刊"，一个多月之后萧乾完成第一篇短篇小说《蚕》寄给沈从文，沈从文当即回信如下：

乾弟：

　　文章收到。短创作留"文艺"上发表，译文留代为解决，放心，放心。勿复即请□。

　　小兄文俟

高小姐均此

兆和附笔

十月十三日

两年之后，1935年萧乾毕业于燕京大学新闻系，沈从文推荐萧乾替代自己前往天津《大公报》编辑副刊。师生情谊之深，由此可见。

岁月悠长，多年之间沈从文与萧乾的友谊未曾改变。1948年，郭沫若在香港发表的一篇《斥反动文艺》，将沈从文、朱光潜、萧乾三人捆绑在一起予以猛烈抨击，师生二人共同成为众矢之的。随后的政治运动来来往往，起伏不定，两人的友谊终于不再如从前那样温馨和谐。在五七干校期间，沈从文曾致信萧乾，"文革"结束前后，两人因各种原因而一度不再见面，留下诸多遗憾。

我在20世纪80年代中期开始撰写萧乾传记,萧乾对沈从文一直怀着感恩之心叙述恩师的过往。1987年《浪迹天涯:萧乾传》出版,我寄给沈先生一本请教。1988年4月下旬,我去看望沈先生夫妇,在与他们谈到萧乾时,我突然冒出一个念头,劝说他和萧乾和好。

来北京的这几年,我与沈先生和萧乾先生都有较多来往,很为这两位曾经有过三十多年深厚友谊的朋友晚年时关系破裂而遗憾。我终于提出这个问题。我对沈先生说:"你们年纪都这么大了,何必还斤斤计较一些往事,何必都要任性呢?过去关系那么好,现在连见都不见,多么遗憾!"

他没有吭声,但也没有不让我说下去。我接着说:

"你们也老了,和好不行吗?要是他来看你,你赶不赶他走?"

他没有立即回答,稍稍思忖了片刻,说:"他来看我,我赶他干什么?"

我当即与他商定,等我回北京后,陪萧乾先生来看他。现在回想起来,当时沈先生那种表情和语调,真是可爱极了。回到家里,我马上打电话告诉萧乾。萧乾并没有责怪我的多管闲事,而是爽快地答应我的建议。我想应该把这个消息告诉他们共同的好朋友巴金先生,我知道巴金先生曾关心过他们的关系,也为他们闹矛盾而遗憾。出差之前,我给巴老写了信。

然而,万万没有想到,就在我乘坐飞机返回北京的那一天,沈先生永远地离我们远去了。

萧乾先生也为未能在沈先生去世之前见上一面而懊丧。他颇为遗憾地将自己心情写信告诉巴金。巴老回信时说:"得到三姐电报知道从文逝世很难过,他的死使我想起好多事情,可以说我的生活的一部分也给埋葬了。你在信中提起李辉帮忙消除你和从文间的误会,李辉也来信讲到这件事情。详情我不清楚,但总是好事,不知你到从文家去过没有。要是来不及了,那多遗憾!但即使是这样,也不要紧,从文已经知道,而且表了态,这说明你们已经和解了。"

张兆和先生在给我的信中也对他们实际上已经和好而感到安慰。她说:"你在从文逝世之前,确实如巴金所说,做了件'好事'。可惜从文去得太快,计划未能实现。不管怎样,这个结总算解开了。这个来自湘西的山里人倔得很,但一向宽厚待人,在离开这个世界之前,我相信,他谅解并且原谅一切。他是带着微笑离开这个世界的。"

沈从文刚刚去世,悲痛不已的萧乾就在5月12日完成《没齿难忘——悼沈从文老师》,如果我记得不错的话,这该是最早完成的缅怀沈先生的文章。

该文5月15日在台湾《中国时报》副刊发表,远比大陆报纸的反应快得多。在我看来,虽然他最后未能见到沈从文,但是,他在第一时间为关心他、帮助他的恩师献上自己的心香一瓣。

一个星期后,萧乾来信,将这篇文章复印件寄给我:

李辉:

我正在接待美回来探亲之子。

……

为沈先生逝世赶了一小文,寄上一阅。

我找到几件有趣而难得的念物(如雪妮于1941年给我往剑桥的明信片)。你来时拟奉赠。

祝

好

萧乾

1988年5月22日

萧乾的文章写得感人至深。全文如下：

听到从文先生的噩耗，我万分悲恸。这不仅是中国文学界的损失。早在五十年代初期，他就被迫结束创作生涯。然而无论在织锦、陶瓷还是古代服装的研究方面，他都做出了辉煌的成绩。他做什么都出色，首先是由于他具有一种可贵的献身精神、一颗忠诚的心。

他是我的恩师之一，是最早（1930年）把我引上文艺道路的人。我最初的几篇习作上，都有他修改的笔迹，我进《大公报》，是他和杨振声老师介绍的。在我失业那八个月时间（1937至1938年），他同杨老师收容了我。这些都是我没齿难忘的。

像大多数知识分子那样，他也受过不少委屈。然而不论遇到任何挫折，他对工作、对民族文化事业，还是那样满腔热忱。他从湖北山沟里的五七干校给我写过畅谈新诗道路的长信，他在东堂子胡同的斗室里照样埋头撰写那部轰动海内外的中国服装史。他一生不尚高谈阔论，总是脚踏实地工作着。

近年来，海峡两岸都在重印他的作品。他的去世必然也震动了两岸。在生命的最后几年他受到礼遇和各方面的照顾，作品也开始被重视了，有的还改编成电影。这些想必是使他感到欣慰的。

希望正直的批评家和学者对从文先生一生丰富的著作进行缜密的研究，并做出公道的评价。

1988年5月12日

（《没齿难忘——悼沈从文老师》）

由此可见，虽然两人之间关系曾经有过破裂，也有了可以见面的机会，因沈从文突然去世，未能重逢，但萧乾对沈从文的那份情感，读此文，我们可以充分感受出来。

转眼一年过去，历史动荡之际我一时不知道该做什么。最令我难以忘怀的是在我心情恍惚时萧乾一连写来好几封信，开导我，告诫我应该在越是不知道做什么的时候，越要把心定下来，找一件事情坚持做，用沉稳与定力摆脱困惑、空虚。

1989年7月26日这一天，萧乾一下子寄来两封信，第二封信里也谈到了沈从文。

李辉：

信悉。

我况均好。多时未见，想多写几句，和你谈谈心。我一生有过若干次处于"悬空状态"。如1948年与Gwen的离婚，1957年—(19)58年等待宣布处分。当时，我心境焦灼可以想见。然而我生平有一窍门：越是在这种时刻，我越要把心房填得满满的。如1948年，在家庭眼看即将破裂时，我编了两本书（一本似乎是《创作四试》）。(19)57—(19)58年，我在校正洁若译的《黎明》(美国Theodore Dreiser的自传，近80万字)。前些日子……我则在忙校订金介甫译的 Traveler Without A Map，外面越是suspensive，内心越是乱，我就越要利用工作把心定下来。你不一定写《中国作家》所约之文（其实，你何不自己通知他们缓期），但我强烈建议你此时此刻用具体、带强迫性工作，把自己镇定下来。什么叫修养？平时大家都一样，到一定时候，有人能坚持工作，有时心就散了。

人，总应有点历史感，其中包括判定自己在历史中的位置。心猿意马？我认为缰绳不可撒手。在大雾中，尤不可撒手。

这几年你真努力，你应肯定自己的努力。要有个"主心柱儿"，不因风吹草动就垮。祝

双好

萧乾

1989年7月26日

李辉：

发完了信似还有未尽之言。

先告诉你我在干什么——在精读但丁的《神曲》。三十年代沈从文在十分不得意时，精读起佛经，并写了《月下小景》一书。

你一定要把自己安定下来，为自己设计一些事做。读也好，写也好。绝不可浑浑沌沌混日子。绝不可惶惶不可终日。那既是折磨，又是浪费。

我忙时，音乐只听点民歌。可病时，却要听贝多芬。平常太忙了，腾不出脑筋来。如今，你需要的是填满脑筋，叫它快转，转到旁的事上去。

我写信，就是劝你定下心来，多抓几把稻草，这样才不至沉沦。你应为自己设计一下。越是这样，越是需要设计一下自己的 life。

祝

好

萧乾

1989年7月26日

两个月后，萧乾又陆续写来两封信，再次劝诫我：

信悉，知在工作中，甚喜。

人生是一课堂，也是一次采访。望不断总结，永不气馁。诗穷则工，这时正好工作。巴金写信要我"深沉些"。我也转来劝你。这些年，你够顺当的了。一篇篇、一本本地问世。望更上一层楼。构思更周密，文字更推敲。我从沈从文那里学的主要是多搞搞文字，更含蓄些、更俏皮些。文字要跳动，不呆板，在字里行间多下点功夫。逐渐创出自己的风格——但又永不可停留。

1989 年 9 月 16 日

你大概晓得我的祸福观。人生实在难说。1957 年的祸，却成为我 1966 年的福。人生总会能波折，有浮沉，路总是崎岖的。我一直把人生作为采访的场地。一帆风顺，并不一定好。经验教训来自波折，对生活认识的深度也来自波折。人也是在波折中成长，从幼稚变为成熟。

从认识你以来，我一直认为你是既有侠义之情，又刻苦奋斗，自强不息。这些年，你一本接一本书地出。你需要修整，需要补充，需要深入。为此，我觉得你的机会很好。正可搬出点大书来读，较系统深入地做些反思。

……

关于译什么书，你不要以今天的书市行情为准。宁可译点有永恒价值的书，即使一时出不来，也不碍事。

1989 年 9 月 29 日

萧乾几封来信的教诲，对我无疑是敲了一记警钟！

我们报社的姜德明先生是藏书家，也是著名散文家，时任人民日报出版社社长。我们同在报社十号楼，他在一楼，我在二楼，经常去和他聊天。这一次，他建议我去校勘20世纪30年代《国闻周报》发表的沈从文《记丁玲女士》。他说，出版《记丁玲》时里面删除了不少内容。一个多么好的建议！通过校勘，才能让人沉静下来，踏实下来。于是，我分别从唐弢、范用两位先生那里借来《记丁玲》上、下两册，走进报社图书馆，借出天津《大公报》出版的《国闻周报》，用几个月时间予以细细校勘。

随着校勘的进展，我觉得这是一个很好的传记故事，是来自湘西两位作家的恩怨沧桑，何不深入下去，好好写一本有意思的书。那些日子里，我先后采访萧乾、冰心、张兆和、陈明、沈虎雏、姜德明、刘祖春、周明、吴泰昌等先生，与和沈从文关系颇好的施蛰存、出版《记丁玲》的赵家璧等人通信。一年左右时间，终于完成《恩怨沧桑——沈从文与丁玲》。

该书初版由天津百花文艺出版社出版。随后，台湾出版繁体字版。1997年，花城出版社出版五卷本《李辉文集》，"往事苍老"卷分为两部分，第一部分为"沈从文与丁玲"，第二部分为"是是非非说周扬"。2005年，故乡的湖北人民出版社为我出版"李辉传记作品系列"，书名正式确定为《沈从文与丁玲》。

转眼又是十三年过去。2018年5月10日，沈从文先生去世30周年的日子，故将旧作予以修订，并补充若干图片，为保持史料的权威性和时代感，引文和附录部分皆保留原貌。

谨以此书献给从湘西走出，一生浸泡美丽之中，用经典滋润我们内心的沈从文先生！

完稿于2018年10月19日，北京看云斋

序

姜德明

一口气读完了《沈从文与丁玲》,这是我近来读书时很少有的情况。这是一本可读性很高的书,一本以事实为依据而又不乏真知灼见的书。这里既有丰富的史料可供我们比较、查考,又可引起人们的思考和品味,不仅关心中国现代文学史的人会感兴趣,还可帮助读者借此来阅历人生。这是一部文学研究的札记,也是一部富有情节性的散文随笔。

沈从文与丁玲,生前都不曾隐晦过他们之间的纠葛。特别是丁玲同志,她很激动,一再主动地向局外人公开他们之间的矛盾。她当然认为这是必要的,正确的。沈从文先生生前没有公开写文章,但是他在与人通信时还是发泄了不平。这些信到底也由别人公开发表了。所以我在没有读李辉同志的这部专著以前,就已经读到了不少局内人和局外人的不同议论了。我以为这不足为奇。谁都知道作者的文章一经发表,也属于社会所有,而当事者的动机,当然是想通过舆论取得社会的同情和承认,否则何必要发表文章呢?当事者既然要使社会上周知其事,局外人也会根据自己掌握的事实加以判断和比较,最后得出自己的结论,因此也就有了发言的资格。我想,李辉同其他的"好事者"一样,他们就这样顺理成章地介入了这场公案。

我同意李辉对这一公案的认识和分析：

> 沈从文、丁玲，各自的文学成就和曲折的人生道路，本身就是独立的高峰，有各自的风景。他们即使从不相识，他们即使没有恩怨沧桑，他们的过去也可以作为独立的存在而丝毫不减其耀眼的风采。
>
> 但是，历史既然安排他们相识在北京，相识在他们开创未来文学生活的起端，他们的恩怨沧桑，就不可避免地成为他们人生的一个组成部分，折射出20世纪中国知识分子的生活和性格的复杂，反映这一代人的心境历程。
>
> （见本书第十六章"沧桑永无终结"）

世无完人，我在读李辉同志这部著作以后，丝毫也没有减弱我对沈从文、丁玲的敬佩，也没有使我对他们多年来的坎坷命运失去了同情。他们的作品永远是我喜爱的。

我最初知道沈从文、胡也频、丁玲的名字，还是十三四岁的时候，我在天津北门西、天津县政府旁边卖旧书的地摊上，买到一本沈从文著的《记胡也频》。封面上是胡也频的西装半身照。尽管当时有些背景知识我还茫然，但是在我心中已深印下了沈、胡、丁三人的影子。后来，我又看了沈从文写丁玲的两本书：《记丁玲》和《记丁玲续集》。我获得很多知识，也产生某些疑惑不解。

有趣的是，若干年后，我在北京先后见到了沈从文和丁玲。

1956年报纸改版，我奉命跟萧乾（副刊顾问）跑。他带我遍访京城的名作家，我们也到过东城的沈家。只记得沈先生很拘谨，光是微笑，话很少。沈夫人张兆和女士正当中年，穿了一件毛蓝布的中式短褂，不是对襟的那种样式，显得非常大方、典雅。这以前，蓝翎同志已经拜访过沈先生了。应该说，党报文艺编辑的先后来访，对于原来已经万念俱灰的沈先生，是一次意外的鼓动。他终于为我们的副刊写了一篇散文《天安门前》，交给了蓝翎同志。那时蓝翎和我同在副刊共事。

这也许是沈先生在1949年以后第一次重新拾起了文艺的笔，可惜也只是偶尔一试而已，从此再没有给我们写稿，大约此时子冈同志还向他约了一篇《新湘行散记》，是在《旅行家》上发表的吧。

粉碎"四人帮"后不久，《文艺报》在新侨饭店举行一次散文座谈会，我又见到了沈先生。他同臧克家、李健吾、季羡林挤坐在一张长沙发上。他们都是我尊敬的前辈，我过去问候时，他们一起谦虚地从座位上站起来，这使我万分不安，老人们的道德风仪深入我心。我再向沈从文先生约稿，并提起当年为我们写的那篇《天安门前》。他仍然像二十几年前一样地微笑不语。开会时，我发现他捧着一个练习本一丝不苟地记录着别人的发言。我很奇怪，这有必要吗？

沈先生去世后，我在沈家见过一次张兆和先生。她已经白发苍苍了，不过仍如过去一样文静、可亲。

丁玲同志，我常常在有关的会场上见到她。当然，这已经是80年代的事了。还是1979年她刚从山西回到北京的时候，那时她住在西郊的友谊宾馆。报纸当时的总编辑秦川同志，让我们去看看丁玲。作为私交，他已经看望过丁玲同志了，而且还跟我说，当年他在延安时，丁玲曾经是他的领导。我特别约了解波一道而去。

我想象中的丁玲应该是一位叱咤风云的女性，一定很豪放，但是见面之后，发觉她沉静而安详，一点也没有咄咄逼人的气势。那时丁玲同志的问题还没有解决，她向我们介绍了她这些年的经历，我们问候了她的健康。她还给我们看了她正在用以写作的那个活页夹子，还有《杜晚香》的原稿……不久，我们为丁玲同志的问题得到解决而高兴。此后几次在公共场合，我都发现她爱穿一件紫红色的毛衣，这也反映了她当时愉快的心情。她比初回北京时年轻多了。

我同本书作者李辉同志相识的时候，彼此还是编者与作者的关系。后来他调来我们单位，彼此又成为同事。我们年龄有别，业余爱好却有些相似。有暇时我们常常在一起海阔天空地聊天，但八成离不开现代文学，离不开作家和书刊。我们都有很多美丽的梦，想弄这又弄那。李辉到底比我年轻，不仅精力充沛，思想也活跃，知识比我丰富。有一次，我把自己早想做而无精力做的事告诉他，希望他来完成。当年我曾经想找出最早发表沈从文《记丁玲女士》的《国闻周报》，据以校勘辑录出被国民党审查机关删割的文字，我以为这是很重要的工作，应该有人来做。少壮派的李辉一口应承了。从此，他默默地伏案工作起来。而且随着时间的推移，他的目光亦有所发展，结果远远超过了我原先设想的规模。这不仅仅是一部研究著作，也是一部有血有肉、有风有雨、有爱有恨、有情有理的可供广大读者欣赏的文学读物。作者找了多少不易找到的书刊啊，又跑了多少路去访问各位知情者，我很羡慕他那旺盛的精力，也佩服他的见识和工作热情。

我绝对相信年轻人一定会胜过前一代人。

正因为李辉同志的这本书与我有这么一点牵扯，因此他希望我能为他的书写点什么，于是就有了我这篇东西。不过我很怀疑，如此拉杂的文字能说是一篇序吗？

1991年3月于北京

《沈从文与丁玲》2004年版序

李 辉

《沈从文与丁玲》完成于1990年，初版时书名为《恩怨沧桑——沈从文与丁玲》（百花文艺出版社）。现在来看，这一书名并不理想，显得颇为空泛。有朋友建议，不如就叫《沈从文与丁玲》更好，明确而朴实。心想，一个不错的建议，故新版时定为此名。

最初，并没有计划写这样一本详尽地讲述两位著名作家交往史的著作。1989年下半年，开始我只是在姜德明先生的建议下，找出当年连载沈从文《记丁玲女士》的《国闻周报》，对照着单行本进行校勘。当时，正值个人情绪低落，写作计划停顿而有些茫然之时，我想借这样一种坐下来在图书馆细心校勘的方式，让自己沉静下来。未曾想到，校勘中我看到了许多年前生动的历史场景，看到了两个作家个体生命在时代大变革之中发生的复杂变化，而这种变化又折射出了整个知识分子群体的分化、矛盾甚至对立。

于是，有一天，校勘最终诱发我开始追寻这两个作家的交往史，试图借梳理漫长六十年间他们由相识、相助、合作、友好到隔阂、淡漠、矛盾、反目的全过程，描述他们那一代知识分子的苦闷、彷徨、奋斗、抗争乃至寂寞、磨难等。在校勘和阅读相关史料的同时，我开始了采访。在采访过程中，我得到了沈从文先生的夫人张兆和女士、丁玲女士的丈夫陈明先生的帮助；冰心、巴金、施蛰存、萧乾、赵家璧、唐弢、徐迟、刘祖春、范用、汪曾祺、林斤澜、姜德明等前辈，以书信或接受访谈的方式，为我提供帮助；邵燕祥先生不仅为我提供细节，还细心校阅我的部分初稿……没有他们的关心和帮助，我的追寻显然是难以实现的。

这些年里，一些帮助过我的老人先后故去，在此，谨向逝者表达深深的感激和怀念。同时，祝愿健在的前辈健康、愉快！

此次新版，正文仅做少许修订，但增加了部分附录。附录主要包括与主题相关的史料、采访过程中的部分书信、围绕本书发生的故事等。希望这些附录，能够使读者多角度地了解历史背景。这些年，我仍不断在收集相关的史料，故在新版中增加了不少历史图片，相信它们的加入能补充文字难以表达的历史信息，一本十五年前的旧作或许因此有了更多更新的阅读价值。

转眼间十五年已成过眼烟云。

以往研究历史时，常常觉得八年、十年、十七年……好像它们都是一个个漫长的时间段。可是，当自己亲历了这样一个十五年之后，忽然发现，即便十五年，实际上也很短，很短。世事变化已与当年迥然相异，当年的追寻忽然间也成了此刻的追忆。时间如此无情，记忆难免忧郁，除了感叹，还有什么呢？

2004 年 9 月 21 日于北京

目录

一 / 初识丁玲 _ 1

二 / 北京三人行 _ 12

三 / 冯雪峰与丁玲 _ 23

四 / "三角恋爱"？！_ 36

五 /《红黑》《人间》何匆匆 _ 47

六 / 胡也频遇难 _ 60

七 / 风雨故乡行 _ 76

八 / 情涌笔端记也频 _ 87

九 / 丁玲主编《北斗》时 _ 99

十 / 冯达的出现 _ 111

十一 / 丁玲失踪 _ 122

十二 / 湘西原本多侠气 _ 134

十三 / 幽居南京 _ 145

十四 / 世事三十年 _ 158

十五 / 劫后重逢忽起波折 _ 175

十六 / 沧桑永无终结 _ 188

附录

《记丁玲女士》校勘辑录 _ 203

张兆和致李辉（7封）_ 217

施蛰存致李辉（3封）_ 221

赵家璧致李辉（3封）_ 224

刘祖春致李辉（2封）_ 228

余培忠致刘祖春（1封）_ 230

邵燕祥致李辉（1封）_ 232

曾卓致李辉（1封）_ 235

萧乾致李辉（1封）_ 236

后记 _ 237

一 / 初识丁玲

　　故乡都已遥远。生活正在开始。

　　一个古老的都市，一个苦难却又充满刺激、充满诱惑的时代。未来的故事，就在一次偶然相遇中开始。谁也没有将目光投向未来，谁也不会在充满热情和理想的年纪，去构想未来漫长曲折的路。更不会料想一次简单的相识，一个寻常到毫无传奇色彩的故事开端，会延续那么悠长，会叠现出那么多的画面，会在散发出令人回味无穷的气息之后又带给人们无穷的遗憾。

　　沈从文与丁玲，相识了。正是开创生活的年纪。回忆往事是许多年之后的心境，此时，则对每天发生的一切都感到新鲜，感到一种亲切。

　　　一天早上，我正坐在窗下望到天井中没有融化的积雪，胡带来了一个圆脸长眉的年青女人，来到我的住处。女人站在我的房门外边不动，穿了一件灰布衣服，系了一条短短的青色绸类裙子，什么话也不说，只望到我发笑。教育同习惯使我永远近于一个乡下人，当时是一点不会客气的，我就问她，"你姓什么？"那女子就说，"我姓丁。"好了，这就得了，于是

我房中就多了一个女人了。坐下时，女人还是笑，我那时候心里想："你是一个胖子的神气，却姓丁，倒真好笑啊。"

（《记胡也频》）

这就是丁玲给沈从文的第一个印象。时间：1925年春天。地点：北京。引文中提到的"胡"，即胡也频。

此时的沈从文，正处在从极其艰苦的自我奋斗走向成功的文学之路的转折时期。

从遥远的湘西来到这里，沈从文已经度过了三年左右的时光。在这些日子里，这位当过湘西军人的年轻人，一直在困境中执着地做着文学的梦。他试图进大学成为一名正式大学生，然而，几乎没有上过正规学校的他，在考燕京大学国文班时，只得了零分。他只能在公寓自己的"窄而霉小斋"里，忍受饥饿和寒冷的痛苦，无休止地写着。对于他，文学的诱惑是不可抗拒、无法摆脱的。

沈从文的命运，似乎是随着郁达夫的到来而出现转机的。1924年冬天，在收到沈从文的信之后，郁达夫走进了"窄而霉小斋"，看望处于穷困之中的这位二十二岁的文学青年。沈从文的窘状激起了郁达夫对社会的愤慨，当天晚上，他就写下了为沈从文大声疾呼的文章《给一个文学青年的公开状》。

1919年丁玲十五岁时，她在家乡湖南常德积极参加游行、讲演、剪辫子等进步活动，并去成人夜校讲课，被学生称为"慈悲先生"

胡也频　　　　　　　　　　　　　　1922年沈从文在湖南保靖

　　1925年1月,沈从文的作品开始在报纸副刊上发表,其中的一个副刊为《京报》的"民众文艺",编辑者之一便是胡也频——当时叫胡崇轩。

　　胡也频比沈从文小一岁,1920年离开家乡福建,曾在天津大沽海军预备学校读书。学校停办,他来到北京,也在艰苦的生活中做着文学的梦。在发表沈从文的作品之后不久,胡也频和另一位编辑项拙来看望他。共同的文学兴趣,相似的生活感触,把他们紧紧连在一起了。

　　胡也频在认识沈从文之后没几天,便把丁玲带到了"窄而霉小斋"。沈从文的面前,就这样出现了一个陌生、新奇的女子,一个将在两年后闪现在中国文坛的文学新星,一个会与他在长达六十年的时间里产生友谊和隔阂的湘西老乡。

　　丁玲比胡也频小一岁。这样,他们三人的出生年份分别为:沈从文1902年;

胡也频 1903 年；丁玲 1904 年。

这是青春的梦最为美丽的年纪，也是感情最为敏感和丰富的年纪。三个年纪相仿的年轻人，在中国社会最动荡的时代，在中国新文学最富活力的时候，相逢在北京。

关于丁玲与胡也频相识之前的经历，《沈从文传》的作者凌宇有一段较为简练的概述：

> 丁玲在桃源读书时，五四运动的影响已到了湘西。"自觉"与"自决"，"独立互助"与"自由平等"的思潮，燃烧起一群青年女学生的热情。丁玲不问家里意见如何，便和另外三个同学跑到长沙，转入男子中学，后又受上海"工读自给"的影响，又一同冒险跑到上海，进了平民学校，并在上海大学认识了瞿秋白、邵力子、陈独秀、李达、陈望道、沈雁冰、施存统等教师。由于后来同伴中的王剑虹与瞿秋白同居，丁玲与瞿秋白一个弟弟过从甚密，遂闹得流言四起，丁玲就独自跑到北京，因朋友曹孟君和钱女士关系，住在西城辟才胡同一个补习学校的宿舍里。她与胡也频相识，是由于和胡也频住同一公寓的朋友左恭的介绍。其时，左恭正与曹孟君恋爱，三位女友常常结伴到胡也频所住公寓来看左恭。

胡也频刚刚认识丁玲，就一见钟情，热情地爱上了她。他将她带到沈从文这里来的时候，两人相识不过三五天的时间，却已经处在爱情萌发的时刻。

沈从文见到丁玲，两人一交谈，才知道他们同是湘西人，而且沈从文早在家乡时，就曾从一位哥哥那里，听他讲述过在丁玲的家乡安福县所经历的事情。沈的家乡凤凰和丁的家乡安福相距不远，与丁所出生和生长的常德，虽相

1923年到北京开始闯荡文坛的沈从文

距数百里，却有一条河水相连。现在，在远离湘西的北京，故乡人相逢，感到特别亲切。

于是，两人第一次相见，就把胡也频冷落在一旁，兴趣盎然地谈起共同熟悉的事情。

> 我们于是谈河水，说小船，讨论那条河水一切使人发生兴味处。我们既然各读了几本书，又那么年轻，故说到某几处的滩险，船只下行，形容它的速度时，两人总皆用"抛掷"一类的字样。我们提到那条河水上游某几处，深度到四丈五丈时，还可以清清楚楚地看到河底的小小白石同游鱼，又各找寻了若干譬喻，且互相皆似乎极能领会那点譬喻。实际上则两个年轻人皆因过于年轻，为同一的"怀乡病"原因，把我们友谊弄密切了。
>
> （《记丁玲》）

两位来自湘西的闯荡生活的年轻人，就这样在北京第一次相逢。他们，还有胡也频，从此将在一起做几年文学的梦，走一段相似的生活的路。从而，现代文坛会留下佳话，会留下众说纷纭的逸事。

如果没有偶然出现的"鲁迅误会"事件，也许就没有必要考证沈、胡、丁相识的具体时间。

按照沈从文在《记丁玲女士》中的记述，在胡也频带丁玲来看他之后五天左右，丁玲就独自一人跑回湖南，已经陷入情网的胡也频，无法摆脱对她的热恋，也匆匆赶往湖南。"鲁迅误会"就发生在这一时期。

1925年4月30日，鲁迅收到了丁玲的来信，他在日记中记载了这件事：得丁玲信。

在同一天的日记里，鲁迅还写道：有麟来。就是这位荆有麟，十七年后，以"艾云"的笔名发表了回忆文章，谈到他记忆中的这件往事。

> 一九二五年——即民国十四年的冬天，有一天，鲁迅先生接到一封署名丁玲的信，信中大意，是说：一个女子在现社会上怎样不容易活下去。她已在北京碰过许多钉子，但还是无出路。想要求鲁迅先生代她设法弄个吃饭的地方，哪怕就是报馆或书店的印刷工人职位都可以。
>
> （《鲁迅所关怀的丁玲》——《鲁迅全集》研究拾遗）

艾云回忆的收到丁玲的信的时间与鲁迅的日记不符，应以后者为准。丁玲回忆自己当时给鲁迅写信的情况。那时，她独自一人来到北京，挚友王剑虹英年早逝，给她的精神打击甚大。在偌大的北京，她苦于找不到人生的道路。

丁玲与王剑虹

她想到了鲁迅，便写信前去求助。

> 我怎样办呢？我的人生道路，我这一生总得做一番事业嘛！我的生活道路，我将何以为生呢？难道我能靠母亲微薄的薪水，在外面流浪一生吗？我实在苦闷极了！在苦闷中，我忽然见到了一线光明，我应该朝着这惟一可以援助我的一盏飘忽的小灯走过去，我应该有勇气迈出这一步。我想来想去，只有求助于我深信指引着我的鲁迅先生，我相信他会向我伸出手的。于是我带着无边的勇气和希望，给鲁迅先生写了一封信，把我的境遇和我的困惑都仔仔细细坦白详尽的陈述了一番，这就是《鲁迅日记》一九二五年四月三十日记的"得丁玲信"。
>
> （《鲁迅先生于我》）

鲁迅接到丁玲的信，感到奇怪，他对荆有麟说，他并不认识这样的一个人，也没听说过。那时候，鲁迅正在与人论战，经常收到各种奇怪的信，所以便要有麟等人帮忙打听丁玲此人。

> 在鲁迅先生说过这话以后的次一天晚下，孙伏园就来报告消息了。说：岂明先生那里也有同样的一封信。而且笔迹很像休芸芸。（沈从文当时名休芸芸。曾有稿给周岂明看。周岂明记得他的字）于是在坐的章衣萍便说：不要又是什么琴心女士与欧阳兰的玩意罢。于是鲁迅先生认为：丁玲即休芸芸，所谓找事云云，不过是开玩笑而已。丁玲那封信，先生便不作复了。
> 　　　　　　（《鲁迅所关怀的丁玲——〈鲁迅全集〉研究拾遗》）

丁玲关于此事的说法，与荆有麟有所不同："我听人说，鲁迅收到我信的时候，荆有麟正在他的身边。荆有麟说，这信是沈从文化名写的，他一眼就认得出这是沈从文的笔迹，沈从文的稿子都是用细钢笔尖在布纹纸上写的这种蝇头小楷。"（《鲁迅先生于我》）

事情并没有结束。当时北京曾发生男子以女人名字发表作品的事，如北京大学学生欧阳兰，所以，鲁迅对所认为的沈从文假冒丁玲女士的名义给自己写信极为生气。正在此时，又发生胡也频自称是"丁玲的弟弟"来拜访鲁迅的插曲。

沈从文回忆过胡也频称自己为"丁玲的弟弟"的情况。当时，胡听说丁玲刚刚死去一个弟弟，热恋中的胡也频，便愿意将自己当作她的弟弟。在与丁玲一见钟情后，他便请公寓的伙计送去一大把黄玫瑰，并且在花上夹了一个字条:"你一个新的弟弟所献。"

一天,胡也频也来拜访鲁迅。丁玲这样回忆:

> 胡也频告诉我,我离北京后不久,他去看过鲁迅。原来他和荆有麟、项拙三个人在《京报》编辑《民众文艺周刊》,曾去过鲁迅家,见过两三次面。这一天,他又去看鲁迅,递进去一张"丁玲的弟弟"的名片,站在门口等候。只听鲁迅在室内对拿名片进去的佣工大声说道:"说我不在家!"他只得没趣地离开,以后就没有去他家了。

(《鲁迅先生于我》)

在此之后,鲁迅在给友人钱玄同的两封信中,先后对沈从文作了讽刺和挖苦。

7月12日在钱玄同等人编辑的《京报》副刊《国语周刊》上,沈从文发表了一首用家乡土语写的诗《乡间的夏》。鲁迅当天在信中对钱说:"这一期《国语周刊》上的沈从文,就是休芸芸,他现在用了各种名字,玩各种玩意儿。欧阳兰也常如此。"

7月20日,鲁迅就丁玲的信、胡也频的来访、沈从文的诗,又在信中涉及沈从文:"且夫'孥孥阿文',确尚无偷文如欧阳公之恶德,而文章亦较为能做做者也。然而敝座之所以恶之者,因其用一女人之名,以细如蚊虫之字,写信给我,被我察出为阿文手笔,则又有一人扮作该女人之弟来访,以证明实有其女人。然则亦大有数人'狼狈而为其奸'之概矣。总之此辈之于著作,大抵意在胡乱闹闹,无诚实之意,故我在《莽原》已张起电气网,与欧阳公归入一类也耳矣。"

年轻的沈从文，刚刚开始走向文学之路，因为丁玲的一封信，因为两人的笔迹的相似，就这样在一无所知、莫名其妙的情况下，卷入了这个文坛的误会、纠葛之中，受到一位文坛伟人的鄙视和指责。

在记录和回忆中，不同的人都证实发生过这种事，但具体细节却各有不同，特别是丁玲说过："我写这封信时，还不认识胡也频，更不认识沈从文。"这就引发出丁玲和胡也频、沈从文究竟是在何时认识的问题。

丁玲回忆她是在1925年3月间从香山搬至西城辟才胡同一间公寓。鲁迅收到她的信是4月30日。她是在此后不久离开北京的。如果她的回忆是确切的，那么，她与胡也频、沈从文的结识，便应是在4月下旬到她离开北京的时候之间，而这段时间并不长。

荆有麟的回忆，从另一角度证实了丁玲所说的写信及认识胡也频、沈从文的时间顺序。他谈到，在鲁迅收到丁玲的信之后不到半个月，胡也频就来找他：

> 事有凑巧，过了不到半月，胡崇轩（即也频）忽然跑来找我。要我代他弄一点路费，说他当天要到湖南去。问他什么事，他说：
>
> "昨天晚上，在老项（项拙）一个同乡房里吃饭。有一位女的我马上爱上了。高兴得不得了。当时竟喝醉。今天早晨起来，打算去看她，便问老项那位同乡，她住在什么地方。据说：她已于今早搭车回湖南去了。我现在马上赶她去。就搭今天晚上车走。你赶快出去代我活动二十元钱罢！我还要再想办法去。你弄到钱，到老项那里等我！"
>
> （《鲁迅所关怀的丁玲——〈鲁迅全集〉研究拾遗》）

荆有麟说，他就是在此时从胡也频这里打听到了确有丁玲其人。

> 但丁玲,实有其人,而且并不是休芸芸即沈从文的化名,此时却证实了,我便将胡崇轩告诉我的话,转告鲁迅先生。鲁迅先生还问我丁玲是怎样一个人。
>
> (《鲁迅所关怀的丁玲——〈鲁迅全集〉研究拾遗》)

荆有麟的叙述也有不确之处。如丁玲不可能在认识胡也频的第二天就离开北京,但胡是在鲁迅收信之后才认识丁玲并且一见钟情,则是可以确定的。

后来,鲁迅在知道丁玲实有其人后,说了这样一段话:"那么,我又失败了。既不是休芸芸的鬼。她又赶着回湖南老家,那一定是在北京生活不下去了。青年人大半是不愿回老家的。她竟回老家,可见是抱着痛苦回去的。她那封信,我没有回她,倒觉得不舒服。"

对沈从文,鲁迅没有说什么,他不知道,他的这一误会,在这位年轻而又带有固执、自傲的湘西人那里,心灵和情感会有多么深的刺激和影响。

美国汉学家金介甫曾问过沈从文当时是否知道此事,沈说他几乎立即就知道了。为此,他感到恼怒。在这以后的岁月里,同是作家,两人却一直保持一定距离,在有的问题上,还发生争论。尽管沈从文和鲁迅的矛盾,有着思想和见解的原因,但早年结下的这一误会,不能不影响各自的情绪。

尚未认识,就因一封信而产生奇怪的联系,这不能不说是沈从文与丁玲的几十年恩恩怨怨的独特的、富有戏剧意味的开始。

二／北京三人行

1925年5月，丁玲、胡也频都离开了北京，沈从文经北京大学教授林宰平和梁启超的介绍，从城里到香山慈幼院图书馆当办事员。

1925年秋天，住在香山的沈从文，第二次见到了丁玲。此时，她不再像给鲁迅的信中所写的那样忧郁和苦闷，而是从追她而去湖南的胡也频那里，获得了爱情的喜悦和兴奋。

姚蓬子是丁玲后来30年代在左联时期的一个友人，他曾听丁玲讲述她同胡也频同居前后的情况。姚蓬子说，丁玲在认识胡也频之前，曾一度感到孤独、郁闷。他写道：

> 她又讲到到了上海之后，怎样和当时那一班革命的知识分子混在一起，可是因为自己年纪小，同时别人也只将她看作一个小孩子，只同她玩着闹着，这时她算是生活一阵天真的热闹中。后来在种种打击下不愿意再呆在上海了，便飘然流浪到北京去。那一段时间，她完全沉到一种什么人也不理解的，也不愿意什么人理解的，只自己深切地痛感着的颓唐中，一

直到和也频同住。

(《我们的朋友丁玲》)

姚蓬子记述了这样的故事：

丁玲时常一个人跑到陶然亭去，或者有时夜间喝醉酒，就在昏暗的古城里茫然地踯躅。有一次，大概是除夕夜，丁玲在朋友家吃过年夜饭，已是三更天，她已喝得迷迷糊糊难以自持。可是，她坚持要回家。

> 她挣扎着身子起来，一定要回去。不管大家竭力的拦阻和劝诱，还是要走出门去。最后无法可想了，朋友决定自己伴她回家，路上也好放心些，可她也不答应。一个人坐上洋车，也不说地方，叫车夫一直往前面拉去。等到被冷风吹散了酒气时，睁开眼睛往四面看看，冷落的，只昏黄的电灯光霜似的凝在地面上，不知被拉到一个什么荒凉的地方了。

(《我们的朋友丁玲》)

如今，孤独和郁闷已离开丁玲飘然而去，尽管这不会久长。

丁玲和胡也频双双搬到香山，成了甜蜜的新婚夫妇。他俩一道前来看望沈从文，这次相遇，丁玲给他留下的印象与第一次有所不同：

> 中秋那天我在他们香山小屋里看到她时，脸上还有新妇腼腆的光辉，神气之间安静了些也温柔了些。问她还喝不喝酒？她只微笑。问她还到芦苇里去读诗没有呢？也仍然只有微笑。我心里就想说："你从前不像个女子，只是不会有个男子在你身边，有了男子到你身边，你就同平常

女人一样了。"

(《记丁玲》)

最初,他们三人都住在香山,虽然不在一起,但来往频繁。对于丁玲,这段时间,是她和胡也频的爱情生活最浪漫、最富诗意的日子。在沈从文的记述里,他们贫困却不痛苦,在月光下,在古城墙与田野之间,他们无忧无虑,或哭,或笑,或雨中奔跑,都是生活的一部分。

有时,他们断了炊,便跑到沈从文的住处,同他一起吃慈幼院大厨房的粗馒头。如果两人吵架,其中的一个就会跑到沈从文这里来,诉说冤屈。

沈从文和胡也频在香山期间,仍在继续努力创作着。他们的小说或诗,虽然在报纸副刊上时有发表,但他们仍然未能成为引人注目的新星。丁玲此时与文学创作则没有任何关系,她还没有认识到自己的文学才能,只是出于兴趣而埋头读着小仲马的《茶花女》、莫泊桑的《人心》、屠格涅夫的《父与子》。

尽管如此,丁玲却以她的杰出艺术才华,赢得了两位男子的钦佩。他们写出的作品,常常先拿给她阅读,并听听她的批评。沈从文承认,当时丁玲的文学欣赏水平比他和胡也频都要出色。他说:

1926年6月丁玲与胡也频在北京

1927年丁玲与胡也频在北京

> 在文字方面还并没有显出这个作家的天才时，在批判上却先证明了她的某种惊人的长处，业已超过了两个男子。什么作品很好，好处在某一点上，好中小小疏忽处又在某章某段，由她口中说出皆似乎比我们说的中肯。……丁玲女士则因为同人相熟较少，自己又不写作，并且女人通性每一篇文章总那么细心的看了又看，所看的书又那么纯，因此对于好坏批评，比起两个男子来实在公正一些。不拘什么成篇成本的小说，给她看过以后，请她说出点意见时，这意见必非常正确，决不含糊。
>
> （《记丁玲》）

沈从文还认为，丁玲当时虽然没有开始写作，但仅仅从她写的信，也可以看出她的语言能力。丁玲善于写平常问讯起居、报告琐事的信，同样的话，别人写来非常平常，但在丁玲笔下，则生动而贴切。她还能极为简明扼要亲切地表述别人讲述不清的事情。这些，都给沈从文留下了深刻的印象。

对沈从文和胡也频每天做的办刊物的计划，丁玲没有太大的兴趣。虽然他们总是设想她是办刊物时的一个得力帮手，可她只是笑笑，从不认为自己也会走上文学之路。偶尔丁玲也帮他们筹划，但并不是兴趣所至，而是有时收到胡也频的退稿，为了安慰他才这样做的。

香山上的三人，处在亲密、融洽的关系之中。这是富有青春气息的生活，这是可以用浪漫的笔调来描述的文学家的一段很有意义的历程。三人之间，这时才真正开始了他们的友谊。

人们经常好奇地寻思他们之间的关系，后来更有报上捕风捉影的种种消息。

在两个情人之间，沈从文究竟处在什么位置呢？

1925年幻想当演员的丁玲

沈从文是在用他特有的观察人性的目光,观察着面前的男女,特别是女性丁玲。

> 她虽常在爱情中目眩神迷,却仍然缺少了些东西。她感情中要一个同伴,来与她享受目前,计划未来,温习过去。海军学生则似乎特别开心目前,对于未来不能有所打算,对于过去毫无兴味可言。因此在那时节,她虽然同这个海军学生住在一处,海军学生能供给她的只是一个年青人的身体,却不能在此外还给她什么好处。为了发散这两方面的感情,她对于一个能够同她温习过去商量未来的朋友,自然似乎就觉得待遇应当温柔些,亲切些。
>
> (《记丁玲》)

这样的朋友就是沈从文。他可以和丁玲一道回忆湘西的山山水水和风俗人情。每到他们谈到这些感兴趣的话题时,胡也频就只好被冷落一旁,任他们操着乡音,快乐地交谈。

他们的亲切,开始曾引起胡也频的不满。

> 这仿佛极不利于海军学生,有些时节因这些事情刺激了海军学生,海军学生皱了眉毛装作生病的事也一定有过。但过不久这孩子却聪明了一些。他看清楚了那圆脸女孩子,在我一方面,永远皆不能够使我引起像他那种烦乱的感情,同时且明白她需要我处只是谈谈闲话,我则简直忘了她是一个女子,海军学生就放心多了,同时几个人友谊也显得更好些了。
>
> (《记丁玲女士》)

这段话中的"我",在出版成书时,沈从文改成了"朋友"。

在香山住了一段时间后,三人先后搬进了北京城,并曾一起住进公寓,包括汉园公寓等。从此,他们在北京,在上海,都曾常常住在一起,而关于他们三人同居的流言也就因此而久久不断。对此,丁玲、沈从文都予以否认。

汉园公寓的主人的儿子黄伯飞,多年后回忆他小时候所亲眼见到的他们三人的生活情况。他说,在父亲的公寓里,当时住了一批文学青年,诗人有朱湘、戴望舒等,另外就是沈从文、丁玲、胡也频三人。

> 这几位住在汉园公寓的青年,我虽然只是个十三四岁的孩子,不知怎的却都知道他们搞创作。我和沈从文所住的房间只是一墙之隔。沈从文的房间是楼房后坐二楼左角的一间。我的房间正对着围绕着天井的左边的走

廊。沿着左边走廊的两个房间，一间是胡也频的，一间是丁玲的。这两个房间里边彼此相通，他们两个只用靠近楼梯的一个门口出入。

这三个人我常看见是沈从文。他每次从外面回来差不多总是挟着一些书籍和纸张，脚步迅捷地走到我的房门前边就向左一转走到他的房间去。胡也频总是一早就出去，很晚才回来。有时几天都看不见他。丁玲则多半的时间躲在她的房间里。

（《确是有缘——和沈从文先生在美国相见》）

沈和丁是否有胡和丁同样的关系，由于双方当年都已曾予以反驳，将之斥为谣言，所以现在，甚至永远都不能证实了。其实，人们不必过于着眼于这一历史的真伪。应该注意的是：他们的友谊是现代文坛上的戏剧色彩，他们不同的创作变化和人生的发展，以及各自由此而在中国现代知识分子中所具有的特殊意义。

北京三年亲切的交往，使沈从文能比他人更深切地以艺术家的目光审视丁玲、理解或分析丁玲。故而他对丁玲的性格和情感，有不同于他人的独特的表述，对她的艺术天性和走向文学的过程，也有细致的体味和了解。

沈从文如同他观察湘西的一切一样，总是以人性而不是以政治意识来勾画丁玲的性格及其变化。他的回忆，他的描述，尽管不免带有小说化的艺术点染，但却能有助于人们从一个独特的角度，了解沈从文眼中的丁玲。

正因为是朋友，沈从文才能毫不遮掩地写出他所认识的丁玲。他这样描述北京时期的丁玲：

朋友们所得于丁玲女士的好印象，实不在她那女性意味方面。她能给朋友的是亲切洒脱。她既不习惯使用脂粉，也缺少女性那分做作。她待人只是那么不可形容的爽直，故朋友相熟略久，就似乎极容易忘掉了她是个女人。

然而从另外一方面说来，则凡属于一个女子某种美德，她却毫无缺处。她亲切却不狎亵。她爽直并不粗暴。她无时髦女人的风韵，也可以说她已无时间去装模作样的学习那种女性风韵。她容易使熟人忘掉她是个女人，不过因为她没有一般二九年华女人那分浮于眼眉行诸动止轻佻风情罢了。认识她灵魂美丽天分卓绝的，只是很少几个朋友，一般人对于她的美丽处与长处的认识，则必需数年后从她作品上方能发现的。

（《记丁玲女士》）

当丁玲尚未闯入文坛时，1926 年、1927 年两年，沈从文与胡也频的作品则开始发表得比较频繁了。特别是沈从文，在 1925 年年底得到徐志摩的大力赞赏之后，逐渐成为北京文坛引人注目的新星。1927 年，他的第一部小说集《蜜柑》由新月书店出版，更是标志着他已经从一个湘西的"乡下人"，走进了他所为之奋斗多年而梦寐以求的文学殿堂。

和沈和胡在一起，丁玲虽然没有开始创作，却也同他们一起结识了许多诗人和作家。除前面黄伯飞提到的戴望舒、朱湘之外，他们经常来往的还有焦菊隐、于赓虞、王鲁彦、蹇先艾等。当时崭露头角的女作家凌叔华，半个世纪后回

沈从文短篇小说集《蜜柑》，1927 年 9 月新月书店出版

忆说，她认识丁玲，便是沈从文介绍的。

那时，凌叔华还在大学念书。一天，她从学校回家，便看到沈和丁站在她家门口等着她。她们交谈起来。尽管她们在北京来往并不密切，但为她们后来的文学交往打下了基础。她说，丁玲几年后为左联编辑《北斗》时，便通过沈从文向她约过稿。(1989年12月与本文作者的谈话)

当沈和胡大步走向文坛时，丁玲还在默默地局限于她的小小的情感天地。但是，沈从文却认为，丁玲正是在这种默默之中，在沈、胡及其文学友人的影响之下，孕育着一颗文学灵魂。

> 过分的闲暇使她变成一个沉静的人，由于凝静看到百样人生，看到人事中美恶最细致部分，领会出人事哀乐最微小部分，海军学生相伴长时期的一分生活，培养到她的感情，心灵与智慧已成熟到透明如水。她等着写作的机会，"成功"与"荣誉"却同样又在等她！

(《记丁玲女士》)

丁玲的文学精灵开始飞翔了。1927年秋天，她创作了第一篇小说《梦珂》，寄到《小说月报》，得到编者叶圣陶的赏识，发表在当年的12月号上。同年冬天，她又创作了成名作《莎菲女士的日记》。从此，一个女作家应运而生，沈、胡、丁都走上了文学之路。

早在20世纪30年代，就曾有评论家认为丁玲的创作受到了沈从文的风格的影响。1934年出版的《丁玲评传》中草野的文章《坐有女作家交椅的丁玲女士及其作品》写道：

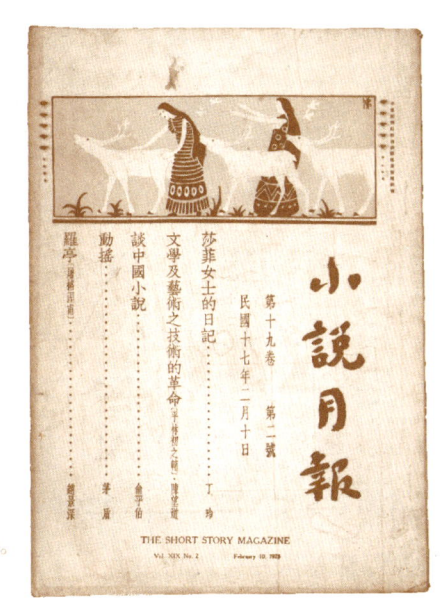

1928年出版的第19卷第2号《小说月报》。本期刊有丁玲成名作《莎菲女士的日记》

现在我要重复地说,中国女作家的交椅是属于作者了。她的创作能有他人的所不能长,而没有他人的所短。它的造句新颖,结构别致,风格特殊,她确是中国枯燥的文坛上一位健将,末了总括起来,我对于作者的批评是:

一、专长于女子心理的描写;
二、受沈从文先生作品风格的影响。

对自己为什么走上创作之路,丁玲后来说是因为1927年"四一二"反革命政变后,知道一些她所敬重的人牺牲了,为此感到痛苦。在北京,她苦于没有真正的朋友,这样,她再试图在小说中寻求一种安慰。她写道:

我恨北京!我恨死的北京!我恨北京的文人!诗人!形式上我很平

> 安，不大讲话，或者只像一个热情诗人的爱人或妻子，但我精神上苦痛极了！除了小说我找不到一个朋友，于是我写小说了，我的小说就不得不充满了对社会的鄙视和个人的孤独的灵魂的倔强。
>
> 　　　　　　　　　　（《一个真实人的一生——记胡也频》）

不管各自的说法有多少差异，北京对于沈从文和丁玲，毕竟是一个有着重要意义的地方。北京曾使他们困惑，曾使他们痛苦。然而，又是北京使他们结识，是北京在他们面前铺开一个广阔的天地，成就了他们的文学之路。在以后的岁月里，尽管北京也会带给他们一些难以预料的坎坷，但他们还是应该深深怀恋这座古城的。

三／冯雪峰与丁玲

青春是浪漫的，文学家的青春尤其具有他人所没有的戏剧性色彩。

就在丁玲和胡也频刚刚建立起一种亲密关系时，另一个人出现在丁玲面前，他便是真正使丁玲产生爱情的冯雪峰。

丁玲与冯雪峰的爱情插曲，发生在沈从文离开北京之后。

1928年2月，功成名就的沈从文先行离开北京，前往文化中心南移后的上海。大约在沈从文走后两个月，丁玲和胡也频也从北京来到上海。就在沈从文离开北京的这段时间里，丁玲爱上了帮忙讲授日语的冯雪峰。

面对胡也频和冯雪峰，丁玲陷入一种情感旋涡。为了摆脱这一棘手的选择，丁玲和胡也频便也南下上海。

在北京结下友谊的三人，就这样很快重逢在上海。在这里，三个人将度过快乐和痛苦并存的时光，其间最悲哀、最具影响力的事情将会发生在他们身上。沈从文和丁玲的友谊，差不多也是在这里结束的。

丁玲和胡也频刚到上海，第一天便住在沈从文的住处。重逢伊始，相见的喜悦很快就被丁胡之间的矛盾冲淡了。沈从文发现，第二天早上，他们两个人不知为什么事闹翻了。在北京时，他曾多次见过这种场面，常常对所见所闻感到迷惑而难解。这次依然如此。他们吵着，闹着，流泪的只顾流泪，赌咒骂人的只顾赌咒骂人。

沈从文面对意想之外的变化和这种场面，又急又愁。他不清楚究竟他们之间发生了什么事情，不知该如何劝说，只能无助地在一旁观看。

渐渐地，他从他们的言语中明白了一点：胡也频认为丁玲不再爱他，而是爱上了另一个人。丁玲伤心地痛哭，把沈从文送给她的一双"美丽的羊毛手套用牙齿咬得破碎不成样子"（沈从文语）。

开始，沈从文以为是胡也频对自己产生误会，一听两人的进一步陈述，才知道了真情：

"当两人提到一个横耿在生活中间人时，我当初还以为别是这海军学生对我有了误会，以为我还会妨碍他们的生活。经过两人的陈述，到后我才明白对我全无关系……"沈从文在《记丁玲女士》中的这段话，后来在出版成《记丁玲》时，将之删除了。也许，我们从这段话中可以揣测，在北京时，沈从文的确一度引起过胡也频的猜疑。

沈从文逐渐对丁玲与冯雪峰的爱情有所了解。他为朋友们发生这样的事情，感到着急，他想为胡也频做些有益的事情，可是又不知从何着手。北京时的浪漫，那么迷人，又为什么消失得那么快？

林伟民在《左联夫妻作家纪事》一文中，对丁玲与冯雪峰的恋爱作过简明的叙述。他写道：

> 丁玲在加入左联之前，已在爱的海洋里经受了狂风暴雨。在与胡也频柏拉图式的恋爱中，却热烈地爱上了冯雪峰。丁玲自喻有了一个"伟大的

罗曼期"。她把雪峰看作是第一次真正爱上的人。但理智的坚韧又使她意识到与也频之间已产生坚固的感情联系。也频牺牲后,她把不满周岁的婴儿送回家乡,自己义无反顾地参加共产党,主编《北斗》。而与雪峰,则更或是同志或是路人。丁玲没有能从雪峰那里取回她的爱情,然而内心的爱似疾风骤雨驱使她不能自主地写下了著名散文《不算情书》。信,后来还是寄给了雪峰。雪峰在左联期间结了婚,可他始终不渝地关注着丁玲。为营救被捕的丁玲制造舆论,雪峰把《不算情书》交给《文学》杂志发表,后又为赵家璧编纂丁玲《意外集》。他始终跟踪丁玲一生的创作,饶有兴趣地频频著文评论丁玲的文学道路。丁玲晚年在谈到她与胡、冯关系时说,我最纪念的是也频,最怀念的是雪峰。

对于自己和冯雪峰的感情,丁玲也从未掩饰过。1937年在与斯诺夫人的谈话中,她坦率地说:

> 接着,我有一次伟大的罗曼司:我从未同胡也频结婚,虽然我们住在一起。一个朋友的朋友开始来到我们家,他也是一个诗人。他长得很丑,甚至比胡也频还穷。他是一个笨拙的农村型的人,但在我们的许多朋友当中,我认为这个人在文学方面特别有才能。我们在一起谈了很多。在我的整个一生中,这是我第一次爱过男人。他很高兴,并感到惊奇地发现一个"摩登女子"会爱上这样一个乡巴佬。我停止了写作,满脑子只有一个思想——要听到这个男人说一声"我爱你"。我对胡也频说:"我必须离开你。现在我已懂得爱意味着什么了,我现在同他相爱了!"胡也频听了感到非常悲哀和痛苦。

>这个人原来计划到上海去，但他现在决定留在北京。我不同意这样，而希望他离开，于是他这样做了。两星期后，我跟在他后面也去了——胡也频则跟在我后面来了。

在当年回忆这些往事时，丁玲依然保留着她的性格中最为可爱的特点，她的坦率，她的真诚情感，正是她的作品之所以具有魅力的重要因素，同样也使她的这些回忆显得毫无虚饰，向我们袒露出她内心世界的一隅，呈现出一个真实的、比后来的回忆中更为令人可信的五四新女性。

在她20世纪80年代的回忆中，丁玲强调的不是冯雪峰的文学才能对她的吸引，而是他们政治思想上有更多的共鸣：

>1927年我写完《莎菲日记》后，由王三辛介绍我们认识的。王三辛告诉我他是共产党员。这是最重要的一点，我那时实在太寂寞了，思想上的寂寞。我很怀念在上海认识的一些党员，怀念同他们在一起的生活，我失悔离开了他们。那里留在北京的文人都是一些远离政治的作家，包括也频在内，都不能给我思想上的满足。这时我遇见一个党员了。我便把他当一个老朋友，可以谈心的老朋友那样对待。
>
>（1985年3月1日丁玲致白浜浴美）

丁玲并不否认她和胡也频的感情，但她认为她和胡也频的爱，是不同于和冯雪峰的爱的。前者是浪漫的，却又带有孩子一般的游戏，而对冯的爱，才是刻骨铭心的。在给冯雪峰的信中，她这样写道：

> 我不否认，我是爱他的，不过我们开始，那时我们真太小，我们像一切小孩般好像用爱情做游戏，我们造作出一些苦恼，我们非常高兴地就玩在一起了。我们什么也不怕，也不想，我们日里牵着手一块玩，夜里抱着一块睡，我们常常在笑里，我们另外有一个天地。我们不想到一切俗事，我们真像是神话中的孩子们过了一阵。到后来，大半年过去了，我们才慢慢地落到实际上来，才看出我们是一个男人和一个女人，是被一般人认为夫妻关系的，当然我们好笑这些，不过我们却更相爱了，一直到后来看到你，使我不能离开他的，也是因为我们过去纯洁无疵的天真，一直到后来，使我同你断绝，宁肯让我只有我一个人知道，我是把苦痛秘密在心头，也是因为我们过去纯洁无疵的天真，和也频逐渐对于我的热爱——可怕的男性的热爱……
>
> （《不算情书》）

丁玲认为，她和胡也频的爱，无法同她对冯雪峰的爱相比拟：

> 虽说我自己也是一天一天对他好起来，总之，我和他相爱得太自然太容易了，我没有不安过，我没有幻想过，我没有苦痛过。然而对于你，真真是追求，真有过宁肯失去一切而只要听到你一句话，就是说"我爱你"！你不难想着我的过去，我曾有过的疯狂，你想，我的眼睛，我不肯失去一个时间不望你，我的手，我一得机会我就要放在你的掌握中，我的接吻……
>
> （《不算情书》）

感情可能永远都是这样，谁也无法理清，谁也无法摆脱它的网一般的束缚。

1928年丁玲与母亲、胡也频、蒋毅仁（右二，丁母好友）在杭州

经过一阵吵闹之后，在沈从文的面前，丁玲和胡也频渐渐平静下来。几天后，他们两人去了杭州。此次杭州之行，将决定他们未来的生活布局。

丁玲回忆，当时去杭州，还有冯雪峰同行，在杭州，她面临着选择。

沈从文在上海，等待着朋友们的归来，大约一周之后，胡也频突然一个人回到了上海，带着苦涩的笑，带着失望的神情。他告诉沈从文，他准备不再去杭州了，他的生活也将改变。

沈从文回忆道：

> 我问清楚了丁玲还依然住在杭州，他却又是在一次流泪赌咒的情形

下跑来上海，于是我就同他在一个大木床上躺下来，详详细细究询他这件事前因后果，听这个人作一切不离孩子气的申述，且记着这件事每个要点，等他无话可说时，便为他把这件事从旁观者看来各方面必须保持的最合乎理想的态度说明。因为他尚告给我两人虽同居了数年，还如何在某种"客气"情形中过日子，我便就我所知道的属于某种科学范围的知识，提出了些新鲜的意见，第二天，就又把他打发回到杭州去了。这次回去，我对于海军学生所做的一番劝告，大致很有了些用处，风波平息了，一切问题也就在一份短短岁月里结束了。

两人住在西湖葛岭一个单独院子里，大约将近三个月。三个月中的生活，或者因为新增加了从前所缺少的成分在内，故两人简直像一对同度蜜月的伴侣。

（《记丁玲女士》）

沈从文的这一推断，有一定道理。丁玲也曾坦率地说过，她在北京虽然同胡也频同居数年，但一直没有过夫妻生活。只是到杭州后他们才正式结为夫妻。

1925年暑假，胡也频到了湖南。我那时的确对恋爱毫无准备，也不愿用恋爱或结婚来羁绊我，我是一个要自由的人，但那时为环境所拘，只得和胡也频做伴回北平。本拟到北平后即分手，但却遭到友人误解和异议，我一生气，就说同居就同居吧，我们很能互相理解和体贴，却实在没有发生夫妻关系。我那时候就是那样认识的。我们彼此没有义务，完全可以自由，但事实慢慢变得似乎仍应该要负一些道义的责任，我后来认为那种想法是空想，不能单凭主观，1928年就决定和也频白首终身。断绝了自己保持自由的幻想。

(1985年3月1日丁玲致白浜浴美)

但丁玲之所以没有离开胡也频，她在不同时期和不同人的面前，其解释也有不同的侧重。

在1931年给冯雪峰的信中，她责怪冯缺乏胡也频一样的热情和勇气，不然，她是会随冯而去的。她写道：

> 我想过，我想过（我到现在才不愿骗自己说出老实话）同你到上海去，我想过同你到日本去，我做过那样的幻想。假使不是也频我一定走了。假使你是另外的一副性格，像也频那样的人，你能够更鼓动我一点，说不定我也许走了。你为什么在那时不更爱我一点，为什么不想获得我？你走了，我们在上海又遇着，我知道我的幻想只能成为一点幻想，我感到我不能离开也频，我感到你没有勇气，不过我对你一点也没有变，一直到你离开杭州，你可以回想，我都是一种态度，一种愿意属于你的态度，一种把你看得最愿信托的人，看我对你几多坦白，几多顺从，我从来没有对人那样过，你又走了，我没有因为隔离便冷淡下我对你的情感，我觉得每天在一早醒来，那些伴着鸟声来到我心中的你的影子，是使我几多觉得幸福的事，每每当我不得不因为也频而将你的来信烧去时，我心中填满的也还是满足，我只要想着这世界上有那么一个人，我爱着他，而他爱着我，虽说不见面，我也觉得是快乐，是有生活的勇气，是有生下去的必要的。而且我也痛苦过，这里面不缺少矛盾，我常常想你，我常常感到不够，在和也频的许多

接吻中,我常常想着要有一个是你的就好了。我常常想能再睡在你怀里一次,你的手放在我心上。我尤其当有着月亮的夜晚,我在那些大树的林中走着,我睡在石栏上从叶子中去望着星星,我的心跑到很远很远,一种完全空的境界,那里只有你的幻影,"唉,怎么得再来个会晤呢,我要见他,只要一分钟就够了。"这种念头常常抓着我,唉,××!为什么你不来一趟!你是爱我的,你不必赖,你没有从我这里跑开过一次,然而你,你没有勇气和热情,你没来,没有在我要你的时候……

1937年在和斯诺夫人的谈话中,丁玲强调的是她无法拒绝胡也频火一样炽烈的热情,以及他们已经同居的现实。

我们一起在上海只呆了两天,我们三人决定一起到杭州美丽的西湖去。对我来说,情况非常复杂。虽然我深深地爱着另一个男人,但我同胡也频同居了很长一段时间,我们彼此都有很深的感情依恋,如果我离开他,他就会自杀,我决定,我不能同我所爱的这个人生活在一起,于是对他说,虽然我们不能生活在一起,我们的思想是分不开的。并说,世界上只有一个人是我所爱的,不管他可能离得多远,这个事实决不会改变。我说,因此,我们的爱情必须是"柏拉图式"的。这个决定使他非常痛苦。我最后不得不拒绝继续看到他,并完全断绝了这种关系。我现在仍然和以往任何时候一样爱着他,但甚至对他也这一点保守为秘密,并且退还他所有的信笺。对于这个人我将不再说什么了,虽然这个故事现在已是一件公开的秘密……

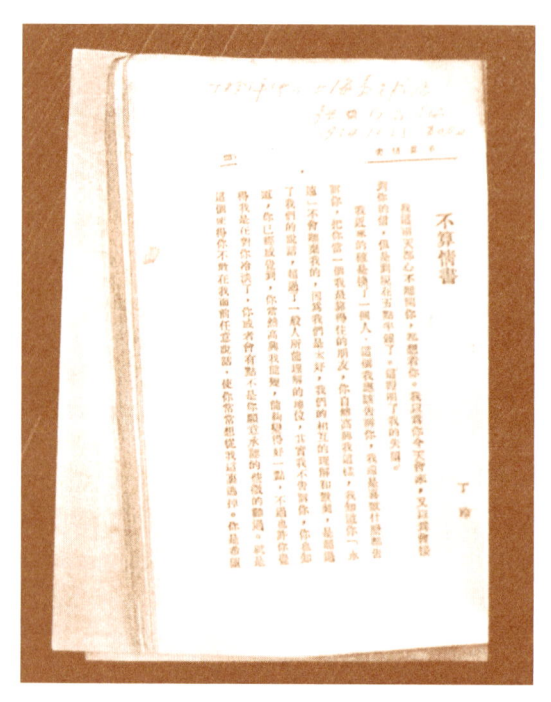

丁玲写给冯雪峰的书信，以《不算情书》发表

冯雪峰

丁玲和胡也频、冯雪峰之间的波折，就这样在杭州趋于平静。丁玲和胡也频确定了夫妻关系，他们的命运从此紧紧拴在一起，迎接时代的风雨，经受风暴的洗礼，共同创造他们的文学天地。

自然，丁玲并没有熄灭她对冯雪峰的热恋。后来，在和胡也频一起参加左联活动后，她与冯雪峰重逢；胡也频遇害后，她又得到冯雪峰的帮助。她难以消除对冯的感情。给冯雪峰的信就是这样写出的。

1933年秋天，在丁玲失踪几个月之后，为了纪念当时传说可能遇害的丁玲，冯雪峰曾将丁玲在1931年、1932年写给他的信以《不算情书》为题，发表在《文学》杂志上。这些公开的书信，记录着他们在特殊岁月中的情谊，与后来的任何回忆和他人的叙述，它们更为可信地告诉人们一段真实的故事。

同丁玲和斯诺夫人的谈话一样，这些信中活脱脱一个能爱、敢爱的女性，没有虚伪，没有某些女子的矫揉造作，更没有丝毫传统的道学气。沈从文后来在《记丁玲女士》中，便力图塑造出这样一个新女性。

香港一位学者对丁玲的这些信评价甚高，他写道："这可能是中国女性最赤裸的自白了。但没有一点肉麻和卑污的感觉，被她那纯洁的虔诚的情思所牵引，读着她遍历那哀欢交织、凄艳卓绝的精神历程。在两性关系上，虽然不够严肃，可是在爱情上却十分认真和炽烈。"（司马长风《中国新文学史》）

丁玲写给冯雪峰的这些信，1936年经丁玲本人编辑而收入《意外集》中，但在1949年之后的各种选本均不再收入。

丁玲在1932年给冯雪峰的信中写道：

> 一夜来，人总不能睡好；时时从梦中醒来，醒来也还是像在梦中，充满了的甜蜜，不知有多少东西在心中汹涌，只想能够告诉人一些什么，只想能够大声地笑，只想做一点什么天真，愚蠢的动作，然而又都不愿意，只愿意永远停留在沉思中，因为这里是满占据着你的影子，你的声音和一切形态，还和你的爱，我们的爱情，这只有我们两人能够深深体会的好的，没有俗气的爱情！我望着墙，白的，我望着天空，蓝的，我望着冥冥中，浮动着尘埃，然而这些东西都因为你，因为我们的爱而变得多么亲切于我了呵！今天是一个好天气，比昨天还好，像三月里的天气一样。我想到，我只想能够再挨在你身边，不倦地走去，不倦地谈话，像我们曾有过的一样，或者比那个更好，然而，不能够，你为事绊着，你一定有事，我呢，我不敢再扰你，用大的力将自己压在这椅上，想好好地写一点文章，因为我想我能好好写文章，你会更快乐些，可是文章写不下去，心远远飞走了，飞

到那些有亮光的白云上，和你紧紧抱在一起，身子也为幸福浮着……

本来我有许多话要讲给你听，要告诉你许多关于我们的话，可是，我又不愿写下去，等着那一天到来，到我可以又长长〔常常〕地躺在你身边，你抱着我的时候，我们再尽情地说我们的，深埋在心中，永世也无从消灭的我们的爱情吧。……

我要告诉你的而且我要你爱我的！

可以说，丁玲的这些信，以其真诚、热烈的情怀，给我们留下了全面理解她性格和生活的历史记录。

丁玲和冯雪峰的情谊，经几十年的风风雨雨而未曾中断，1957年的反右运动中，他们一起被打成右派，跌入人生逆境。冯雪峰1976年逝世，丁玲1986年逝世。在冯雪峰逝世之后，丁玲在回忆录《魍魉世界》中，仍然表达出她对冯雪峰的真诚情感。就在她逝世前不久，一个似乎平平淡淡的细节，却流露出她内心深藏着对冯雪峰的思念。

曾在丁玲晚年身边工作多年的王增如，回忆起丁玲在逝世前一个月的一件事情。

那是在1986年2月7日，大年初一，距丁玲逝世的日子3月4日只剩下二十多天。清晨，鞭炮声此起彼伏，丁玲在病榻上迎来她的最后一个春节。这几天她的病情日益恶化，在2月5日，便因连日气管炎发作，咳嗽不止而引起急性心力衰竭。她无力与人交谈，只是闭着眼睛休息。此时此刻的春节，丁玲的精神出奇地好，她与前来的人们艰难却又愉快地谈话。就是在这个喜庆的日子里，她想到了冯雪峰——

他于十年前的大年初一逝世。

王增如写道:"早上,您听着街上一阵紧似一阵的鞭炮声,感叹地说了一句:'雪峰就是这个时候死的。'此时,您是忆起了老战友,还是想着即将在雪峰逝世十周年纪念会上的发言呢!或是又有了什么不祥的预感?"(《丁玲在最后的日子里》)

十天之后,丁玲病危,她不再可能对他人回忆往事,而她在王增如面前发出的这一感叹,也就成了她与冯雪峰珍贵情谊的最后的也是最动人的一笔重彩。

四 / "三角恋爱"？！

一阵风雨过去，三个在北京结下友谊的年轻作家，又在上海开拓他们的新天地。

三个人在上海重新开始他们在北京做过的梦：创作、办刊物。

1928 年，对沈从文、丁玲来说，都是创作丰收的一年。当时文坛最有影响的刊物之一《小说月报》，一年间，发表了他们两位的不少作品。其中，沈从文发表了六篇，丁玲发表了四篇。一年里在《小说月报》上发表作品的数量上，沈从文在作者中排列第一，丁玲则和茅盾并列第二。

丁玲这时已经在文坛崭露头角，成为读者和评论界青睐的对象。人们惊喜地看到，继冰心之后，又一个具有创新意义的女作家脱颖而出。有人当即以这样赞美的语调感叹："丁玲女士是一位新进的一鸣惊人的女作家。自从她的处女作《梦珂》《莎菲女士的日记》《暑假中》《阿毛姑娘》等在《小说月报》上接连地发表之后，便好似在这死寂的文坛上，抛下一颗炸弹一样，大家都不免为她的天才所震惊了。"（毅真《丁玲女士》）

和丁玲相比，沈从文在这一年的成就也极为显著。在北京对他极为欣赏

《阿丽思中国游记》，新月书店1931年再版本

的徐志摩和新月社的作家们，1928年3月在上海创办了《新月》杂志，沈从文也成了这个刊物的主要作者之一。他的第一部长篇小说《阿丽思中国游记》便在这一年开始在《新月》上连载，被誉为文坛该年度突出的成就之一。新月书店为此书所做的广告写道："《阿丽思中国游记》是近年来中国小说界极可珍贵的大创作。著者的天才在这里显露得非常鲜明，他的手腕在这里运用得非常灵敏。"

胡也频的创作虽然没有达到他们两人的成就，但1928年前后也是他一个丰收的年景。他的第一本小说集在1927年由新月书店出版，出版广告同样对他给予高度评价："在少年的作家当中，谁还比得上胡也频先生之深刻沉重？从这十一篇小说里，我们看得出作者那不安定的灵魂在背后推动他，虽然他还是十二分的忍耐，十二分的抑制。"

艰难的生活似乎即将过去,孜孜追求的目标,在他们面前闪烁着迷人的彩色。

丁玲和胡也频是在1928年7月从杭州回到上海的。很快,胡也频就成了在上海的国民党《中央日报》文艺副刊的编辑。关于为《中央日报》编辑副刊一事,《沈从文传》的作者凌宇是这样叙述的:

> 这时,上海《中央日报》的总编辑彭浩徐(学沛)——前《现代评论》的编辑,与胡也频在北京时相熟,听说胡也频到了上海,遂邀请他担任该报副刊的编辑,每月可得二百元的报酬。其时,沈从文正陪母亲去北方看病,等他重新返回上海,在胡也频、丁玲处得知这个消息后,三人商量将这副刊定名为《红与黑》。

沈从文对此事是这样记述的:

> 三人既应允了共同来维持这个刊物,由海军学生出面做事,海军学生每夜便得过望平街转角处一栋老旧房子里,从走动时吱吱嗄嗄的扶梯,爬上摇摇欲坠的三楼,坐在办公室一角,发出编好的稿件,就看总编辑一面写本报社论一面吸纸卷烟,直到副刊最后清样看过后,方坐了浩徐的大汽车回家。丁玲则有时同去,有时又独自在家中等候,或一个从报馆刚把事情办完,一个在家中的短篇小说也写成了。
>
> (《记丁玲女士》)

但是,丁玲对此事的说法却与凌宇、沈从文有很大差别。

在 1980 年时，丁玲说：

> 正好彭学沛在上海的《中央日报》当主编，是"现代评论"派，沈从文认识他，由沈从文推荐胡也频去编副刊。也频当时不完全了解报纸情况，只以为是"现代评论"派，而且二六年、二七年我们困处北京时，北京的《京报》已停刊（或迁走），只剩《晨报》与《现代评论》，间或可以对滞留北京的作家们有点周济，零零星星给点稿费糊口。那时胡也频每月可以有三五元、七八元的稿费收入，用以贴补我母亲每月寄我二十元生活费的不足。胡也频不属于"现代评论"派，但因沈从文的关系，便答应到《中央日报》去当副刊编辑，编了两三个月的《红与黑》副刊。每月大致可以拿七八十元的编辑费和稿费。以我们一向的生活水平，这简直是难以想象的优遇。但不久，我们逐渐懂得要从政治上看问题，处理问题，这个副刊是不应继续编下去的（虽然副刊的日常编辑工作，彭学沛从不参预意见）。这样，也频便辞掉了这待遇优厚的工作。
>
> （《胡也频》）

在 1985 年接受采访时，丁玲又说：

> 在这之前胡也频曾经利用《中央日报》办过副刊《红与黑》，那名字是胡也频自己想的……那个副刊办了一个多月不到两个月，他才明白这是国民党的报纸，于是辞了。
>
> （《丁玲谈早年生活二三事》）

不错，胡也频不是"现代评论派"，但他不可能此时才通过沈从文认识彭学沛。

《现代评论》创刊于1925年，主编王世杰是经国民党元老胡汉民介绍加入国民党的，《现代评论》的创办资金即由汪精卫提供。在编辑工作中，彭学沛是留学日本归来的，他成为王世杰的一个得力助手，后来在重庆时期，曾任国民党政府的交通部次长。胡也频在《现代评论》集中发表作品的时候，彭学沛正在那里工作。

早在北京时，胡也频就是《现代评论》的一个重要作者，应该与彭学沛并不生疏。从1926年11月开始在《现代评论》发表作品，到1928年7月，胡也频共在这个刊物上发表作品十六篇。其中尚有几篇为连载，仅1928年上半年，就发表了六篇作品，其中有三篇为连载，出现的次数多达十次。

这里，问题不在于是谁介绍胡也频到《中央日报》编辑副刊，也不在于沈从文对此负有多大责任，而是当时胡也频是否根本不知道它的性质。按照常理，丁玲的说法似乎难以令人置信，《中央日报》并非一家个人性质的报馆，在报馆并不太多的上海报界，了解它的背景，应该说不是太难的事。在没有进一步的历史材料证实的情况下，此事至少可以有这样两个解释的原因：

第一，1928年的胡也频，没有参加左翼政治活动。他开始积极投入革命活动参加中国共产党，是两年后的事情。此时的他，正是一个热血青年，是一个迷恋文学的青年作家，对政治并非像之后那样敏感。虽然他已经开始在京沪两地的报刊上陆续发表作品，但和丁玲、沈从文一样，文学处境、生活状况仍然艰难。在这种情况下，能够有一个自己的文学阵地发表作品，并有一笔可观的固定收入，毕竟是一件对他们三人都有益的事情。

第二，在当时，一般来说报纸的副刊大多带有一定的独立性。它附属于某一报纸，但在编辑方针上，只要不与报纸发生大的矛盾，编辑就可以根据自己的兴趣、思想、文坛交往范围来组织稿件，从而形成一家副刊的风格。现代文学史上，此种情况极为普遍。

《红与黑》的具体编辑过程，可以证实这两点并非妄论。

《红与黑》自7月19日创刊到10月31日停刊，胡也频共编辑了四十九期。仅仅三个多月，胡也频一人就以胡也频、沉默、宛约等名字，发表了二十八篇作品，包括诗、小说等，占他这半年发表作品的大半。丁玲在上面发表了三篇，也占她这半年发表作品数量的一半。

从内容来看，胡也频的作品虽然大多数抒发他对爱情、对人生的感受，且多数创作于北京时期，但是，有的作品，依然带有对社会的批判，对黑暗的鞭挞。按照一般看法，似乎很难使我相信它们就发表在这样的报纸副刊上。譬如，小说《坟》，20世纪80年代的评论家余仁凯就这样认为："通过一个为民众的先烈遇难、同情者被逮捕、坟场变为咖啡馆和跳舞场的典型场景，极为浓缩地概括了帝国主义和封建势力压迫、屠杀中国人民的血腥罪行。"（《胡也频》）

胡也频的另一首写于1928年7月24日的诗《死了和活着》，也可以看作他对当时黑暗现实的控诉：

> 假使我服了毒，自杀或跳海，
> 我的灵魂变成烟，变成虚无，
> 我不会再感着愤怒与苦恼，
> 所以我觉得死是一位美的天使。

我死了，但是我又深知：

我生命的毁灭，

决不是一种永久的记忆，

一切忘掉我，将如同刽子手忘掉他的残酷。

那么，我的死，只等于自己抹煞去生存的符号？

呵，我已经因追求而伤害了我的所有，

我的青春过去了，黑暗代替了憧憬，

似乎也应该珍惜我如期生命的余剩。

因此我又活着——然而这也有缘故：

我要用冷静的眼光，

纵横于一切罪恶，

细玩每一个人心的秘密。

这样的小说，这样的诗，这样的副刊，无须回避它们同《中央日报》的关系。

《红与黑》副刊是在1928年10月31日结束的。它的停刊可能是丁玲所说的原因，但也可能还有另外两个原因。

《中央日报》是由武汉在1928年2月迁至上海出版的，但在同年冬天，国民党就计划将《中央日报》迁至南京出版，并在1929年2月在南京正式出版。胡也频辞去副刊编辑职务，与报纸的中止、迁移也许不无关系。

另外，胡也频的父亲就在此时来到上海，答应贷款给他们创办出版社。他们编辑的两本刊物都是在1929年1月出版，极有可能，他们是为了集中精力创办自己的事业而放弃副刊编辑的。

其实，不管因为何种原因停办《红与黑》副刊，这都不重要。历史原因带来的现象，就让它成为他们文学生涯的一页历史。更何况副刊的这些作品，会以独特的内容在他们共同的文学活动中，留下深深的印痕。

随着《红与黑》副刊的结束，他们开始筹划出版《红黑》《人间》杂志，筹划办自己的出版社。他们踌躇满志，希望为自己开辟一个广阔的文学天地。他们一同租住了萨坡赛路204号一幢小楼房，他们有了自己的刊物，他们的文学努力，会由这些刊物留下虽不显赫但却是珍贵而久长的业绩。

然而，他们未曾想到，三个人的同住，他们这段时间的友谊，会在今后的一两年时间里，引来文坛满城风雨，成为未来众说纷纭的话题。

"三角恋爱"，一时间成为上海滩上小报捕捉、渲染的内容。

1938年上海《雷雨》创刊号上发表的《丁玲小传》，可以看作当年对此事说法的一个概括：

> ……她的第二部作品《莎菲女士的日记》也受到广大读者的好评。此后连续发表的小说无论在风格还是在阐明支那精神方面都显示了深刻而重要的发展。胡也频在两个月后从北京南下，沈从文也接着来了，他们三人在法租界的僻静地同居。这种三角恋爱事件受到全国的诋毁。但他们并不以为虑。有时为妒嫉，或为经济问题、思想问题他们激烈争斗过，但总的来说，他们这段生活是繁忙而愉快的。

（转引自《沈从文传》）

在20世纪七八十年代，台湾的一些研究者，在好几种著作中，都曾提及

沈从文、丁玲、胡也频三人关系最密切时一起在上海居住过的地方——萨坡赛路（今淡水路）。具体是哪幢房子已难确定

这件往事。他们都不例外地谈到沈、丁、胡三人曾在上海"大被同眠"，这给"三角恋爱"的传闻，更平添几分"桃色"。

他们的这一说法，并无任何确切史料，只是源自李辉英的《记沈从文》一文中的这段话：

> 他们可以三人共眠一床，而不感到男女有别，他们可以共饮一碗豆汁，嚼上几套烧饼、果子，而打发了一顿餐食。有了钱，你的就是我的，全然不分彼此；没有钱，躲在屋中聊闲天，摆布了岁月；兴致来时，逛北海，游游中山公园，又三个人同趋同步，形影不离。
>
> （转引自台湾姜穆《三十年代作家论》）

其实，李辉英这里提到的是他们在北京的生活，而那时他们同住汉园公寓的情况，公寓主人的儿子黄伯飞对他当时所见情况的回忆，足以证实他们并没有"同居"。李辉英的"同眠一床"的说法，与整段叙述相关联，仔细琢磨，其实也只是一种强调语气，讲他们三人友谊密切所能达到的程度，并没有说明就真有其事。

他们三人同租一幢房子，但不久丁玲的母亲、沈从文的母亲和九妹也来到了上海。胡也频、丁玲和丁母住二楼，沈从文和母亲、妹妹住三楼。更重要的是，丁玲自北京认识冯雪峰之后，已经深深陷入对冯雪峰的感情之中。

姚蓬子是当时与他们三人都很熟悉、交往甚多的一个人，他在1933年写的《我们的朋友丁玲》一文中就认为，据他的观察，以及后来丁玲对他的讲述，三人同住萨坡赛路204号时，丁玲仍然深深感受着寂寞的痛苦，与沈从文也没有达到知心的程度。他写道：

> 同住一屋子里的从文，在生活上是大家都无间隔，而且相熟也很久了。然而她不会把内心的苦恼和不安掏给他看。那么也频面前该也可以倾吐一切罢。一个爱人，一个共着甘苦的伙伴，同扛着生活的重担爬往将来去的，但这又不可能的，因为她要掏出来的，正是也频所不喜欢的甚至厌恶的东西。为了也频的热爱，为了他们过去神话中似的过来的天真日子，为了平平安安的生活下去可以做些事情，她只好把自己的欲望压在心里。可是，当也频出去只剩了一个人的时候，或者也频已经睡着的时候，甚至有时正当二个人很快乐的时候，这欲望突然又反攻到感情上来，把她抛进苦恼的旋涡去了。

对关于自己的传言，沈从文和丁玲在不同场合，都异口同声否认。

早在1931年，沈从文就写道："那时还有一些属于我的很古怪的话语，我心想，这倒是奇异的事情，半年来上海一切都似乎没有什么改变，关于谣言倒进步许多了。"（《记胡也频》）

1980年，沈从文访问美国时，美国学者夏志清教授问他和丁玲是否有过"罗曼史"，他回答说："没有，只是朋友。"

1984年，沈从文对凌宇以一种不容置疑的口气说："没有这回事，那是上海小报造的谣。"

1983年丁玲访问美国时，台湾诗人丛苏也问她同样的问题："你和沈从文有没有超友谊的感情？"丁玲回答："没有，我们太不一样了。"

他们的否认，是令人置信的，凌宇对此事的分析是有一定道理的：

> 然而，倘若承认男女间的性爱，并非仅仅是一种生理欲求，它还需要情感与精神（包括双方的人格、气质）的相互吸引，那么，一贯被丁玲看作"软弱""动摇""胆小"的沈从文，是不会引起丁玲情感和精神上的共鸣的。她与沈从文的关系，即便在当时，也不会超出朋友之间的范围，应该是可以相信的。

（《沈从文传》）

一段生活的小插曲，就让它无声地消失在流逝的岁月之中吧。人们应该浏览品味的，是他们真诚的友谊，是他们共同的创造。这些创造，才是他们最为留恋的回忆。

五／《红黑》《人间》何匆匆

《红黑》《人间》同时问世了，1929年的新年，对于三个已经闯进文学殿堂的年轻人来说，前景从来没有这么美妙过。繁忙的日子，反倒充满着创业的喜悦。他们在文学创作的道路上，经过多年努力，现在终于有了自己的出版社——虽然小得可怜，但无疑是一件令他们雄心勃勃的大事。

尽管难免带有青年人的单纯和浪漫，但他们毫不胆怯。上海虽大，他们资金虽拮据，但自北京萌发的办刊物和出版社的愿望，却受自己的创作日益受到读者欢迎的鼓舞，一天天强烈起来。上海日见兴旺的出版业，也更加刺激了他们。

捕风捉影的小报消息，他们都不曾予以公开反击。他们有太多的事情要做，他们要走自己的路。

他们梦寐以求的办出版社和刊物的计划，终于因为胡也频父亲的到来而变成了现实。他们从胡也频的父亲那里借来一笔钱，红黑出版社便在萨坡赛路204号这幢房子里诞生了。首先是《红黑》杂志于1929年1月10日创刊，随后开始出版"二百零四号丛书"。与此同时，他们还为人间出版社编辑出版了《人间》杂志，这个刊物也在同年同月 20 日创刊。

这是他们最值得记载的又一个重要的春天。

丁玲谈到办刊物的经过：

> 一九二八年夏天我和胡也频从杭州到上海，沈从文就讲是否办一个刊物。那时候我们住在萨坡赛路（今淡水路）196号，沈从文住在附近，常来我家。这时正好胡也频的父亲来上海，带了一千元钱来，是一笔卖房子钱，想投资入股到一家叫"小有天"的福建菜馆。胡也频便和他父亲商量，借这一千元钱开书店，讲明三分利息，他父亲同意了。于是，胡也频、沈从文和我就用这笔钱办刊物，取名《红黑》。
>
> （《丁玲谈早年生活二三事》）

沈从文也写到这一情况：

> 那时人间书店请我们编辑一个月刊，我们恰恰又借到了一笔钱，想自己办一个出版处，为了一切的方便，我们就合赁了萨坡赛路的二百零四号房子，搬了家，两人之间生活又恢复平静了，《人间》月刊由我们三人产生了，《红黑》月刊也由我们产生了，在名为"新房子"的住处，我们生活忽然完全就变了。
>
> （《记胡也频》）

最初，刊物的名称设想为《红黑创作》，因不是限于创作，便改为《红黑》。他们还曾想出版为周刊，觉得月刊的周期太长，但因为资金等原因，便只好出

《红黑》第一期封面和目录

版月刊。刊物取名"红黑"与丁玲和沈从文有关,因为他们借用了湘西土话中"红黑"的含义。在创刊号上,胡也频对此特地做了说明:

> 红黑两个字是可以象征光明与黑暗,或激烈与悲哀,或血与铁,现代那勃兴的民族就利用这两种颜色去表现他们的思想——这红和黑,的确是恰恰适当于动摇时代之中的人性的活动,并且也正合宜于文艺上的标题,但我们不敢窃用,更不敢掠美,因为我们自信并没有这样的魄力。正因为我们不图自夸,不敢狂妄,所以我们取用红黑为本刊的名称,只是根据于湖南湘西的一句土话。例如"红黑要吃饭的!"这一句土话中的红黑,便是"横直"意思,"左右"意思,"无论怎样都得"意思。这意义,是再显明没有了。

因为对于这句为人"红黑都得吃饭的"土话感到切身之感，我们便把这"红黑"作为本刊的名称。

在办《红黑》的同时，他们还为人间书店办了《人间》刊物。三个人略有分工，胡也频主要负责《红黑》，丁玲协助沈从文编《人间》。在《红黑》创刊号上，刊有《人间》出版的预告消息，说"沈从文与丁玲主编之《人间》月刊定于十八年一月十日出版"。但在第二期《红黑》上刊登《人间》第二期目录广告时，却标为"沈从文主编"。不管如何，《红黑》和《人间》是他们三人共同的事业，凝聚着他们共同的心血。

《人间》先于《红黑》停刊。丁玲除写作之外，每天还负责将期刊订户的地址抄写在信封上，以及其他一些编辑事宜。除此之外，他们还把住处作为《红黑》出版处的地址，代为推销其他刊物。在《新月》杂志上，就曾刊有他们所做的广告，代销几种刊物。

这是他们最忙的时候。沈从文描述了忙碌的日子：

> 为了《红黑》的事情，我们于是都显得忙起来了。其中最忙的还是海军学生，从编辑到去印刷所跑路，差不多全是他理。他去送稿，去算账，去购买纸张同接洽书店，直到刊物印出时，我才来同丁玲把刊物分派到各处，清理那些数目，或

《红黑》杂志上刊载的红黑出版社代销的北京刊物广告

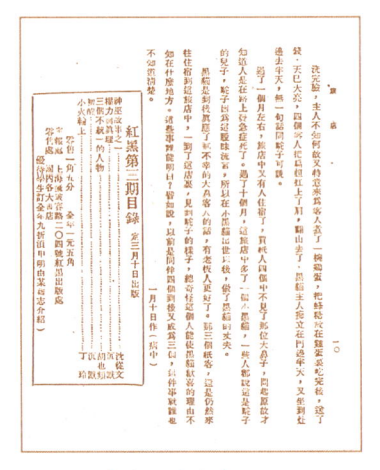

《红黑》杂志目录广告

者付邮到外埠去，或者亲自送到四马路各书铺去。我记得刊物封面十分醒目"红黑"两个大字，是杭州美院教授刘阮溧先生作的。

（《记胡也频》）

面对眼花缭乱的文坛，这三个在创作界已经滚爬数年的青年，真有说不出的复杂感受。虽然他们开始尝到成功的滋味，但也难忘当年艰苦奋斗时的艰辛。难以忘记的不只是投稿时曾受到过的冷漠和偏见，还有种种理论批评给他们带来的困惑。当创办自己的出版社和刊物的愿望一旦变成现实，一种强烈的独立意识，随即充分表现出来。

他们似乎对文坛许多现象，有难以名状的厌烦。五光十色的理论，现在还引不起他们的兴趣，他们只是作家，创作才是真正偏爱的。对文坛时起时伏的文艺论争、互有兴衰的文艺派别的纠纷，他们也予以贬斥。在他们的心目中，文学是独立的事业，需要真正痴恋一般地投入。创作，创作，除此之外，没有什么更能诱惑他们。

虽然他们的政治和文艺见解很快就会产生分歧，但至少在这个春天，他们是怀着同样的愿望、同样的情绪。沈从文在《人间》创刊号上所写的"卷首语"，可以说集中表述了他们的心境：

开始，第一卷本刊，出了世，没有什么可说。几个呆子，来做这事，大的希望，若说还有，也不可希望另有许多呆子来做本刊读者而已。

放下了过去，一切不足迷恋。肯定着现在，尽别人在叫骂揪打中各将盛名完成。希望到未来，历史为我们证明，所谓文学革命运动的意义，是何种方法可以达到。这三件事是我们一群另一目的。

> 所谓一群,人数真是怎样稀少！三个吧。五个吧。比起目下什么大将,高居文坛,文武偏裨,背插旗帜,走狗小卒,摇旗呐喊,金钱万千,同情遍天下者,又真是如何渺渺小小之不足道！然而为了一种空空的希望,为了我们从这事业上可以得到生活的意义,干下来了。
>
> 此时的中国,要不要一些呆子来干,许不许可各人找寻自己的方向,是很容易明白的。说教者充满天下,指挥者比工作者多十倍千倍,适于专制制度下生存的民族,虽在政治表面上无从磕头作揖,口称奴仆,然性情所归,将趣味供某种主张驱使,则仍为必然的一事,想象所谓首领辈,对于接见年青人时,年青人或曾用笔作揖,或用口作揖,连说"崇拜",首领则掀髯大笑,口称"准予入伙"情形,不禁嗒然若失。中国在文学上是已有正牌子首领了。同政治一样。于政治,则人人都应有信仰,否则"反革命",杀。于文学禁律眼前虽尚不至于如此,然不表示投降,则多灾多难,亦一定。我们是在写文章以外还没有学到"载笔称臣"的本事,来日大难,可以预卜！
>
> 我最后可说的话,是先在此来为本刊悼。

《红黑》与《人间》同时与读者见面了。尽管他们牢骚满腹,也信心十足,但刊物并没有显出令人耳目一新的特色,更没有以特殊的气势,在文坛产生一种震动。他们强调独立,强调走自己的路,固然是可贵的一种文学态度,而且刊物上也发表了一些他们的重要作品。但在编辑刊物上,这种态度却使他们无形之中将刊物变成一片狭窄的天地。除了自己的作品,他们没有引人注目地扩大作者队伍。

《红黑》出版了八期,共发表作品四十八篇,他们三人的作品就有三十七篇。

除他们之外，叶圣陶、戴望舒、姚蓬子虽然各有作品发表，但数量有限，难以形成气势。几个月里，两本刊物，以及"二百零四号丛书"，基本以他们三人为主，虽然其中有他们创作中比较重要的作品，但不能在上海文坛成为一个新的中心，在读者中也没有产生预想的效果。刊物和出版社的亏损，就不可避免了。

他们毕竟只是热衷创作的青年作家，更不了解上海商品社会的奥秘。他们纵然雄心勃勃，却会因缺乏经验而告失败。

探索和追求，纵然失败，但这努力，如同美好的梦想，会在他们生活中留下值得回味的往事。他们以自己的努力，加入了上海的文学事业，在偌大的大都市、五光十色的出版界闪烁过虽不耀眼但却是美丽的、属于他们自己的一束光泽。

他们逐渐成为上海文坛的一分子，成为许多文人的朋友。与他们经常来往的有戴望舒、施蛰存、姚蓬子、赵景深、杜衡等。他们的勤奋和友谊，给人留下了深刻印象。

施蛰存半个世纪后写道："1928年—1929年，丁玲、胡也频、沈从文在法租界萨坡赛路（今淡水路）租住了两间房子，记得仿佛在一家牛肉店楼上。他们在计划办一个文艺刊物《红与黑》。我和刘呐鸥、戴望舒住在北四川路，办第一线书店，后改名水沫书店。彼此相去很远，虽然认识了，却很少见面的机会。丁玲和胡也频比较多地到虹口来，因为也频有一部稿子交水沫书店出版。他们俩来的时候，从文都在屋里写文章，编刊物，管家。他们三人中，丁玲最善交际，有说有笑的，也频只是偶然说几句，帮衬丁玲。从文是一个温文尔雅到有些羞怯的青年，只是眯着眼对你笑，不多说话，也不喜欢一个人，或和朋友一起，出去逛马路散步。"（《滇云浦雨话从文》）

赵景深当年就写过他所见到的沈、胡、丁三人：

> 又有一次，霞村约我去看丁玲，似乎那时也频已经先到山东济南教书去了。那时，丁玲住在一个人家的后楼。时候是冬天，炉子里正生着火。丁玲正在蓝罩的台灯下写小说。我一看不觉大为惊诧，怎么她的字这样像沈从文呢？可见他们三人是多么要好了。这《三个火枪手》就犹之戴望舒、施蛰存、杜衡一样，永远是最密切的朋友。所以丁玲连字也写得和沈从文一样。

(《丁玲》)

《人间》出版三期后停刊（第四期只见目录未见刊物），《红黑》出版至 8 月停刊。

《红黑》停办的主要原因，是刊物不能赚钱，批发给一些书店的杂志，钱却迟迟收不回来。每个月他们还得按协定付给胡也频的父亲一笔利息。刊物的停办，使他们对上海商业的险恶，有了深切体验。

关于《红黑》的停办，丁玲在 1985 年时还有另外的一种说法：

> 刊物停办的另一个原因，是沈从文跟我们的思想碰不拢来。那时胡也频"左"倾了，他读了卢那察尔斯基、普列汉诺夫的书。

(《丁玲谈早年生活二三事》)

丁玲 1950 年就这样说过。她认为这种合作的结束，实际也是沈从文和她、胡也频的友谊出现了裂缝。这种裂缝，并不是相互之间感情的矛盾，而是沈从文与他们在思想上有了分歧。

也频有一点基本上与沈从文和我是不同的。就是他不像我是一个爱幻想的人，他是一个喜欢实际行动的人；不像沈从文是一个常处于动摇的人，又反对统治者（沈从文在年青时代的确也有过一些这种情绪），又希望自己也能在上流社会有些地位，也频却是一个坚定的人。……沈从文因为一贯与"新月社""现代评论派"有些友谊，所以他始终有些羡慕绅士阶级，他已经不甘于一个清苦的作家的生活，也不大满足于一个作家的地位，他很想能当一个教授。他到吴淞中国公学去教书了。奇怪的是他下意识地对左翼的文学运动者们不知为什么总有些害怕。我呢，我自以为我比他们懂得些革命，靠近革命，我始终规避着从文的绅士朋友，我看出我们本质上有所分歧，但不愿有所争执，破坏旧谊，他和也频曾像亲兄弟过。……我那时对于我个人的写作才能多少有些过分的估计，这样就不能有什么新的决定了。只有也频不是这种想法。他原来对我是无所批判的，这时却自有主张了，也常常感叹他与沈从文的逐渐不坚固的精神上有距离的友谊。他怎样也不愿失去一个困苦时期结识的知友，不得不常常无言的对坐，或话不由衷，这种心情他只能告诉我，也只有我懂得他。

（《一个真实人的一生——记胡也频》）

《红黑》出版处的结束，如果丁玲的说法可信，那么，也可以看作是沈从文和他们在人生道路上各奔前程的必然结果。

的确，他们各自的政治思想、性格意趣乃至文学品位，有着显著的差别。在北京，这种距离并不明显，但在冯雪峰走进他们中间之后，丁和胡的思想便发生了质的变化。从冯雪峰那里，他俩，特别是胡也频更加接近了左翼运动，成为热情的革命者。《红黑》第七期上开始连载的胡也频的中篇小说《到M城去》（即《到莫斯科去》），就表明了胡也频创作倾向发生了显著变化。

沈从文的说法与丁玲有所不同。他认为他和丁、胡的思想认识的分歧，主要是在《红黑》停办之后开始明显起来的。

《红黑》停办之后，经胡适的介绍，沈从文到了中国公学教书。胡也频通过沈从文介绍，经陆侃如夫妇的推荐，也到山东济南一所中学教书。丁玲开始计划留在上海专门从事创作，但在胡也频走后不到一个月，她也赶往山东。

从此，三位朋友各奔东西，走着自己的人生道路。

几个月后，因为胡也频在学生中间宣传马克思主义理论，遭到当地特务的通缉，他和丁玲于1930年5月从山东逃回上海，当即就参加了"中国左翼作家联盟"，从倾向于革命的热血青年，成为投身于左翼政治运动的作家。

沈从文这时与他们重逢。他们这次还计划恢复《红黑》，或者在一家报纸上办副刊，但最终如沈从文所说，"那自然还永远只是我们眼前一个空幻的圆光"。

沈从文是在1930年8月离开上海去武汉大学的。在此之前，他已经发现昔日的朋友突然有了非同寻常的变化。他们的作品，愈来愈带有浓厚的政治色彩，在国民党政府逐渐严厉的高压政策下，像《小说月报》之类的刊物，不再容易发表他们的作品。他们在出版社出版的书，也屡遭查禁。在这种意趣各不相同的情况下，即使没有经济条件等原因，沈从文和他们计划重办《红黑》，自然只能是一个不可能实现的梦。

从胡也频那里，沈从文了解过他们所选择的事业。他知道胡、丁二人已经确立了生活目标，他们认为"一个民族一个社会的翻身，也皆得在某种强健努力中与勇敢牺牲中完成它的职务，故毫不迟疑，他们把这显然落后的工作捏捉在手,再也不放松了"。

沈从文发现,参加政治活动使丁玲在性情上有了变化,她与胡也频之间的关系也不同于北京时期那种热恋。

> 丁玲女士则表面上光润了些,感情却恬静多了。有时两人皆似乎在生气情形中,打发日子,一件事不能作,但使他们愤怒的,却不是对面一个人的错误,只是为另外一样东西所引逗。两人已把情人们互相睨视的青年闲情抛去,共同注意到社会现象与未来理想上了。
>
> (《记丁玲女士》)

沈从文与丁玲的确是不同类型的人。

以性格而言,沈从文温和,丁玲泼辣;沈从文以一种虽然带有激愤,但总体是平和的目光审视人生和社会,丁玲则以火一样的热情和疾恶如仇的目光,对待使她不满的生活和社会。

沈从文并非如丁玲所言习惯安于现状,他也有一种改变自己生活的热情,但他的这种努力和追求,是默默地不停歇地朝着一个自己确立的目标走。譬如,为了走上文学殿堂,他孜孜不倦地写了一年又一年,最后终于获得成功。这就使得他把文学一直作为一种事业,一种独立的生活。而作品本身,虽然同样也有对社会的批判性勾画,但更多的是以自己独有的艺术家的视角,对人的生命及其生存方式的关注。

丁玲则始终怀着一颗躁动不安的灵魂,热情充溢全身,时刻等待着迸发的机会。她并不像沈从文或胡也频一直做着文学的梦,但随着她热情的释放,突然就名震文坛,在她那里,小说与其说是文字,不如说是她的感情、灵魂与社会的一种交叉，一种对生活的介入。所以，她的作品常常以对现实生活的及时反映，以愤激、以灵魂的躁动在文坛产生轰动，引起人们的强烈共鸣。

不同的性情，不同的艺术天性，决定了他们各自的文学取向，同时也决定了他们对社会、对政治的不同态度。

沈从文到武汉之后，通过与丁、胡的通信，进一步了解到他们的变化。在他看来，丁与胡也有所不同。他认为胡也频可以做些事业的具体工作，而丁玲则更适合于创作。他把这个意见写信告诉了他们，胡也频回信中曾同意他的这一看法：

休，你来信说得是，不尽只那一个不应放下她那枝笔，便是我自己，也只能从另外一方面得些经验，再来从事写作。

（《记丁玲女士》）

但是，胡也频也不同意沈从文的一些看法和做法：

休，你说的全是空话，同你做文章差不多！你受的苦永远是你自己想象的苦，这种苦却毫无可疑，同时在你生活方面，却是不能离开的一种东西。你想到的比别人都多，比别人都危险而且野蛮，同时也比别人更显得少不更事。你想的都不是你要做到的或你能做到的，干吗你不想一点像比文章还切实一点的事情？

（《记胡也频》）

沈从文很担心上海的两位朋友的安全，在他觉得，两个人对革命的发展看得太乐观,而且他们缺乏历史知识,勇敢有余,谨慎不足。一是担忧他们的生命的安全,二是丁玲因而放弃了创作生活,这会是中国文学的一大损失。

沈从文的忧虑自然与丁、胡对所从事的事业的热心相距甚远。丁玲在给他的信中表示出她的信念和献身精神:

> ……知道得太多,我们什么事皆不能做了。我们现在只尽我们能够做到的做去,这里不容许个人对于成败过分作计较。个人牺牲不足道,因为这是创造一页新的历史,是社会,不是个人!不要为我们担心,你来,你就明白我们是很穷困但是却很快乐的。

(《记丁玲女士》)

友谊继续着,但政治和人生目的的追求,却无可挽回地发生矛盾。这样,三人曾经充满友情和热情的合作,在 1930 年的春天结束了。再度合作的愿望,虽然只能成为"空幻的圆光",但曾经有过的这段共同努力,却会以其艰辛的奋斗和扎实的功绩,留在他们业已完成的年轻的人生旅途记录中,并且会给丁玲和沈从文的回忆,留下甜美丰富的回味,不管他们后来是否情愿。

六／胡也频遇难

阴冷的日子。

上海的冬天，尽管没有北平的寒冷，但在阴天，一股寒意裹着浓重的潮气向人袭来，比北方更让人感到难以忍耐。

这是1931年的新年，沈从文和丁玲永远不会淡忘的一个新年。

沈从文刚刚从武汉回到上海。他是1930年秋天到武汉大学任教的，这次是到上海度寒假。他与分别了半年的友人重逢。

过去的一年，三个人的生活都发生了很大变化。

沈从文自中国公学到武汉大学，一个从湘西大山里走出来的乡下人，一个只念过小学的人，靠自己的努力和天分，靠徐志摩、胡适等人的帮助，他成为大学校园里的教员，成为名副其实的高级知识分子中的一员。

丁玲和胡也频因宣传革命思想而从济南逃回上海后，更加积极地参加左翼文艺运动。他们经上海中共负责文化的领导人潘汉年介绍，同时参加了刚刚成立的"中国左翼作家联盟"。他们的孩子也在1930年冬天出生了。

在武汉，沈从文就听说到不少关于胡也频、丁玲参加政治活动的传闻。

他为他们担忧，他不理解他们何以一下子从热心创作转向社会活动。他与他们的思想距离愈加拉大了，但也更加关心着他们的命运。特别是他在武汉，与国民党围剿共产党红军的战场相距很近，他几乎每日都能听到悲惨的消息，这样，他就更加担心在上海积极参加左翼活动面临着危险的朋友。回到上海，在沈从文和他们的几次交谈后，这种忧虑没有消除，反倒更沉重了。

沈从文并不反对他们参加革命运动，但是，从他们的言谈话语中，他感到他们热情有余，冷静不足。特别是在他看来，他们两人对上海之外的中国了解太少，只是住在租界里干革命。一次谈话时，胡也频有事走了，由丁玲对沈从文讲述他们这半年的生活。她讲得很多，而下面这些内容，令沈从文久久不能忘记，使他想到很多很多：

她于是继续告了我一些非传闻的事情，解释两人近来种种打算。为了导引一个民族理想，于一个新的方式中寻觅出路，在各种试验中去取得经验，明白了这是为社会、个人的折磨便不足计了。她为我说的也就是两个人已经忘了自己，如何在一群青年中，沉默的受着种种折磨，有了多少日子。过去说完了时，又来说未来种种。对于未来的计划，她的基础自然就垫在过去经验与现在局面上头。听了她那种坦白可惊的叙述，真令我又愁又喜。喜的是两人在半年中为一个新的理想所倾心，已使两人完全变了一种样子，愁的是两人所知道中国的情形，还那么少那么窄。一份新的生活固然使两人雄强单纯，见得十分可爱，然而那分固执懵懂处，也就蕴蓄在生活态度中。他们正如昔人所说："知道了某一点，其余便完全不知道。"明白了一样事情，却把其余九样事情看得极其朦胧，所有的工作又离不开其余那些事情，这能成就什么事业？为了她谈到长江

1930年12月,胡也频、丁玲夫妇与儿子在上海

方面的一片消息,完全同我从朋友所得的报告相反,故我就告给了她一些那方面的"事实"。我不扫她的兴,却只在尽她明白一件事实。另外关于南京方面在上海的种种活动,如何不利于由作家入手的〔某种计划〕,他们所知道的,也似乎不如我从南京听来的消息翔实。各人心中一点成见使我们仿佛疏远些,同她谈话时,真有不知如何是好的情形。我以为凡做一件事情,固然应当认识"可以做去"的真理,但同时也就必须明白"无法做去"的事实,所做的事若果同社会制度组织有关,对于在这

个社会制度组织下一切的现象岂不是也应当弄得清清楚楚？革命事业在知识分子工作中，需要理智的机会，似乎比需要感情机会更多。两人的信仰惟建立于租界地内观听所及以及其他某方面难于置信的报告统计文件中，真使人为他发愁以外还稍微觉得可怜可悯。

（《记丁玲续集》）

沈从文的不安和劝说，自然没有被他们接受。相反，在他们的眼中，沈从文真有点迂腐。每次谈完之后，丁玲或胡也频都只是对着他微微一笑，脸上还带几丝可怜他的神气。或者说上一句："你什么都不知道，只能写点文章，别的真不用提。"

看着昔日的友人，放下了手中的笔，无论如何，沈从文都会感到莫大的遗憾。他清楚地了解他们，知道他们有才气、有热情，如果继续创作下去，对新文学会有更大的贡献。他还感到他们对自己有一种误解，他强调冷静、理智，绝不是缺乏勇气，在他看来，没有必要去犯盲动的错误，去做不必要的牺牲。此时在中共内部，正是"左"倾路线占上风的时候，沈从文的意见并非没有一定道理。

沈从文此时真希望两个朋友能听从一下他的劝告，重新把更大的精力投入在创作之中，他甚至认为，他们拿起笔，同样而且会更有利于他们所倾心的事业。他说：

畏怯原不是革命者所应有的东西，但过分洒脱，则不免疏于敌我之间的防卫。我尤其不能同意的，便是他们似乎皆忘了自己如何得到大众的原因，仿佛手中已掺持了更好的武器，皆在轻视原来手中那枝笔。皆以为把笔摔下的时代业已将临,不放下手中那枝笔诸事就作不好。关于这件事我大约和他们讨论过二十次,皆以为他们的笔不适宜从手中离开。并且苦已承认把笔放下是中国革命一点损失,则在这种时代里,如何去使用那枝笔,也成为两人最切要的问题。不担心牺牲,那自然是种难得的勇气。但倘若凡事看得远一点,认识得深切一点,了然所谓中国革命文学,应取何种方法,何种形式,使它在这个恶劣环境中依然能存在,能散布,能把握某一部分读者的感情,则作者间实有切切实实用客观的眼光去研究的必要。

(《记丁玲女士》)

沈从文的谈话,没有影响他们,他们的评论,同样没有改变沈从文。看到无法劝说他们,沈从文不再谈及这个可能永远也难以说清的问题。

他们的友情继续着。沈从文所担心的现实,果然朝胡也频卷来,把胡抛进了黑暗的深渊。

1931年1月17日,一个灾难的日子。这一天距沈从文回到上海只有十天。

中午,胡也频来到沈从文的住处,他请沈从文为房东刚刚死去的儿子想一副挽联,约好下午一起到他家去写。胡也频从沈从文手中拿走六块钱,便和他一起上街。他们从北四川路往南走去。胡也频说要去买写挽联的白布,就和沈从文分手了。

一次平平常常、普普通通的分手,但谁也没料到又会是刻骨铭心的、痛苦的分手。

下午,沈从文如约来到丁玲家中。见胡也频仍未回家,他仿佛有一种不祥的感觉,带点忧虑但又装作平静地和丁玲交谈。

沈从文的记忆里,当时他和丁玲有这样一段话:

"他约好我来写挽联,他这时还不回来,莫非路上被狗咬了。"

丁玲女士正在小孩身边为小孩子折叠一片围身的白布,满不在乎地说:

"不碍事,身上并不带什么东西。"

"他应当小心一点,他那么洒脱,我为他担心。"

"从文,照你这样胆小,真是什么事都不能做!"

(《记丁玲女士》)

等了许久,胡也频仍未回家。沈从文只好离去。到了晚上,他放心不下,又跑到丁玲家中,但还是不见胡也频的踪影。丁玲要他帮忙照看一下孩子,自己走出家门。过了一段时间,她匆匆忙忙赶回来,但胡也频仍然杳无音信。

丁玲这次出门打听消息,在她当时的另一个友人姚蓬子的回忆里有所记述。姚蓬子写到这天晚上,丁玲曾前来向他打听胡也频下落的情景。他的记述,也从侧面证实了沈从文对白天胡也频活动的回忆。

在一九三一年一月的深夜,丁玲跑到我那里来,气喘喘的,虽竭力镇静着,但脸上仍旧露出仓皇和紧张的颜色。我一

胡也频等左翼人士集会被捕时所在的东方饭店

见很奇怪，以为二人又为了不必要的感情的冲动，把丁玲逗到气愤愤地跑出来了。

"你今天有见到频么？"跨进房门便劈头问我。立即使我明白事情没有这样单纯，隐约的起了一种说不出的不安。

"怎么样？你这种什么意思呀？——你坐下来，慢慢地说罢。"

"我问你，今天你见到频么？"

"上午十点钟见到的。分手的时候频说去找从文写字的，下午就没有再见到。"

"那一定糟了。"她沉默了一忽儿，"蓬子，频到此刻还没有转家呢，他说好中午是转来吃饭的。恐怕靠不住有问题。"

但是我知道他今天没有别的事，也没有别的地方要去。不可能发生危险的。或者有其他的不测罢。"我想不至于有什么问题的。"

二个人虽这样自慰着，但都商量不出什么地方可让也频留恋到这夜深还不回家的。几个熟朋友的家里，近来也频非必要就很少去，事情完了就回家招呼产后的母亲和新生的小孩子。所以理性的猜度和考虑的结果，反而仿佛眼前现出了一个不祥的幻影，至少或者受了汽车之类的不测罢。

宁可让朋友受虚惊的，在可能的范围内我们应当迅速地传达这消息。这是我们的责任。丁玲离开的时候便找乃超去了。

（《我们的朋友丁玲》）

第二天一大早，沈从文立即赶到那里，见胡也频没有回来，他确信胡也频被捕了。沈从文考虑到这种情况下，丁玲不适宜抛头露面，恐怕会有人注意或者等探信的人来一网打尽，就要她留在家中，由他四处打听。他从法租界到闸北,从闸北到静安寺,跑遍了整个上海。他还托人给公安局打电话,询问近日有无逮捕事件,但都没有得到确切答复。

拖着疲乏的双腿,沈从文回到住处。这时,天已发黑,寒意更深了。

他刚刚走进公寓,就见到一位黄瘦矮小的老人在等着他。老人递给他一张纸条,他拿过一看,原来是胡也频从狱中托这位狱卒带给他的。纸条证实了他的猜想。一阵惊奇,一阵悲凉。友人终于有了下落,但却是一个本不愿是现实的消息。

沈从文记述当时与送信人的一段细节:

> 把那个老家伙一把拉回房中后,我就问他一些信上还未提及我却又必须知道的事情,这送信人把头只是乱摇,用手指点拿在我手中那个信,"你看这个",我于是再看了一次,方发现那揉皱了的纸角上,海军学生还写了一行很小的字,那行字是"事不宜迟,赶快为我想法取保。信送到后,给来人五块钱"。
>
> (《记丁玲女士》)

沈从文身上正好有刚拿到的十五块钱的稿费,就掏出五元给送信人。他想请来人给胡也频带一封信,但那人只同意带口信。沈从文就让他转告胡也频不必心慌,他们在外面的人会尽力保释他的。

狱卒走了。沈从文拿上纸条就往丁玲那里跑去。纸条沉甸甸的,胡也频求生的满怀希望,他的焦虑,都猛烈撞击着沈从文的心。为了多年挚友的安全,为了一个生命不永远消失在黑暗中,他不能有半点轻闲,半点延迟。他要全力去帮助丁玲,这不仅仅是她的事,同样是自己的事。而且他知道,在目前这种环境中，他比丁玲更有活动的自由，更能多一些成功的可能。

在沈从文后来的记忆中，胡也频的这张纸条是这样写着：

> 休：我遇了冤枉事情，昨天过你住处谈天，从住处出来到先施公司，遇女友拉去东方旅馆看个朋友，谁知到那里后就被他们误会逮捕了。请你费神向胡先生蔡先生一求，要他们设法保我出来。请吴经熊律师，乘我还不转移龙华时，进行诉讼。你明白我，一切务必赶快。否则日子一久，就讨厌了。奶奶处请你关照一声，告她不必担心。我的事情万不宜迟，迟了会生变化，我很着急！……
>
> （《记丁玲续集》）

丁玲激动地看到了丈夫的信。丁玲回忆：

> 我到家的时候，从文也来了，交给我一张黄色粗纸，上边是铅笔写的字，我一看就认出是也频的笔迹，我如获至宝，读下去，证实也频已被捕了，他是在苏维埃代表大会准备会的机关中被捕的。他的口供是随朋友去看朋友，他要我们安心，要我转告组织，他是绝不会投降的。他现住在老闸捕房。
>
> （《一个真实人的一生——记胡也频》）

丁玲的记述与沈从文在内容上有所不同，也许可以作为沈从文的回忆的一个补充。但由于此信是托狱卒带出的，不大可能明显地写到与政治有关以及转告组织此类的话，不管如何，两人的说法都证实了胡也频给沈从文写信这件事。

姚蓬子也提到胡也频自狱中带出的信。

> 也频已经有信寄出来了,要丁玲从速设法营救,延迟一天,恐怕会更困难一天的。在也频的信里,依然是热情的,慷慨的,没有因为失去自由而萎颓下来。他说,到万一不幸被判决几年徒刑,希望丁玲不要因此而烦乱起来,要平静地活下去,这几年中要好好地写下一些文章,好好地抚养小频。
>
> (《我们的朋友丁玲》)

从姚蓬子和丁玲的回忆来看,这些内容应是胡也频随后带出的信。

胡也频被捕的消息终于证实了。他就是在和沈从文分手之后,前往东方饭店参加一次秘密会议,在那里被国民党特务逮捕的。关于胡也频等人的这次被捕,冯雪峰作为上海左翼文艺界的中共领导人,对此有一段简要的回忆。他说:

> 左联五烈士是1931年1月17日下午在上海东方饭店开会时被捕的,同时被捕的有三十多人。这个会与左联无关,是党内一部分同志反对王明的六届四中全会的集会。王明于1930年下半年由苏联回到上海,1931年1月间上台,举行了六届四中全会,抛出他的《为中共更加布尔塞维克化而斗争》的"左"倾机会主义政治纲领。李伟森、何孟雄等对四中全会不满,串联了一批同志开会反对。起主要作用的是李伟森,那时他年纪还很轻,非常积极。白莽在团中央编《列宁青年》,冯铿在左联工农工作部工作,都和李伟森有来往。胡也频在1930年6月才入党,但很活跃。他们都不

满四中全会，因此参加了那个集会。东方饭店是当时地下党经常联系工作的地点，据说已为敌人识破，派特务化装成"茶房"，已经侦察了一些时候。1月17日开会时，特务把东方饭店包围起来，会议中间，一个"茶房"闯进来，伪称电灯出了毛病，要检查修理。电灯一亮，外面埋伏的特务冲了进来，三十多位参加集会的同志全部被捕。是否有人告密，一直未查明。

(《冯雪峰谈左联》)

根据胡也频的意思，沈从文去找了胡适、徐志摩等人，又给南京的蔡元培、杨杏佛等文化名人写信，希望通过他们能保释胡也频。为了得到更有效的协助，沈从文特地赶到南京，找一些国民党要员，但都被拒绝。他们害怕惹上共产嫌疑。

然而，为了友谊，沈从文早已把个人的利害关系置之度外。他频繁地奔波在上海和南京之间。沈夫人张兆和说她听沈从文说，当时他为胡也频的事曾去过南京将近十次。

在第二次去南京时，沈从文拿到了一封蔡元培致上海市市长的信。回到上海，他拿此信去见了市长张群，然而仍然如石沉大海。

终于打听到探视的方法，沈从文和丁玲一起去关押胡也频的龙华监狱探监。丁玲记得这天天气很冷，空中飘着小小的雪花，是她请沈从文陪同前往。对这次与胡也频的永诀，他们两人都有过记述。

丁玲写道：

我们在那里等了一上午，答应把送去的被子、换洗衣服交进去，人不准见。我们想了半天，又请求送十元钱进去，并要求能得到一张收条。这时铁门前看望的人都走完了，只剩我们两人。看守的答应了，一会，我们听到里面有一阵人声，在两重铁条门里的院子里走过了几个人，我什么也没看清，沈从文却看见了一个熟识的影子，我们断定是也频出来领东西，写收条，于是聚精会神地等着，果然，我看见他了，我大声喊起来："频！频！我在这里！"也频也调过头来，他也看见我了，他正要喊时，巡警又把他推走了。我对从文说："你看他那样子多有精神呵！"

（《一个真实人的一生——记胡也频》）

沈从文回忆道：

一会儿，只听到有个带脚镣金属声音从第二道小铁门处走过去，我看到那正是海军学生的影子。我把海军学生走过的地方指给丁玲女士看，我们正说着，那个带脚镣的他又走回来了。丁玲女士便叫着：

"频！频！"

相隔那间空房不过一丈二尺左右，故一喊叫，那一边也注意到了，便停顿了一下，把带着放光铁手梏的双手，很快乐的扬着，即刻又消灭了。

"是他，是他，他很快乐，很雄！"

"是他，我一看那背影就知道是他！我看到他在那里！"

（《记丁玲女士》）

他们还拿到了胡也频写的收条。在他所收到的胡也频的所有书信中，这也许是最令他感动、令他难忘的。他捏着墨汁淋漓的收条，和丁玲兴奋地谈论着。十来天的奔波终于有了着落：他还活着！

这也是令丁玲终生难忘的一瞬，更是他们三个人的真挚友谊，在苦难时代悲剧性的最后一幕。

为了营救胡也频，沈从文又和丁玲一道前往南京，通过当年曾和胡也频一起编辑副刊的左恭，继续找国民党要员们寻求出路。沈从文此时已顾不上各种顾虑，亲自去找任国民党中央宣传部部长的陈立夫。丁玲后来在1950年很后悔她曾同意这么做。她说：

> 沈从文是不懂政治的，他并不懂得陈立夫就是刽子手，他幻想国民党的宣传部长（那时是宣传部长）也许看他作家的面上，帮助另一个作家。我也太幼稚。也不懂得陈立夫在国民党内究居何等位置，沈从文回来告诉我，说陈立夫把案情看得非常重大，但他说如果胡也频能答应他出来以后住在南京或许可以想想办法。当时我虽不懂得这是假话，是圈套，但我从心里不爱听这句话，我说："这是办不到的。也频决不会同意。他宁肯坐牢，死，也不会在有条件底下得到自由。我也不愿意他这样。"我很后悔沈从文去见他，尤其是后来，对国民党更明白些后，觉得那时真愚昧，为什么在敌人的屠刀下，希望他的伸援！

（《一个真实人的一生——记胡也频》）

沈从文对这次与陈立夫的见面，作过比较详细的描述。他说在将近两个小时时间里，他和同去的朋友，只能听陈立夫一个人在那里大谈什么"民族主义文学"，最后他才有机会就胡也频的事情做出请求。他记述自己对陈立夫说了这样一些话：

> 我认为政治假若皂白不分把作家捉去当土匪治罪，恰恰和另外一时用三块钱千字的办法，带点儿慈善性质，办杂志收容作家算是文艺政策，同样的极其不智。政府杀个把人并不算什么事，只是〔××〕党中有见识的分子，应当明白对于一个知名文学作家让他永久失踪，也可以算作〔××党〕政府的不名誉。第一件事我希望×××方面为把这个人找寻出来，第二件事我希望这人有了着落苦不缺少犯罪嫌疑，就把他交给法院，第三件事我希望从他口中知道海军学生究竟。
>
> （《记丁玲续集》）

然而，在南京一无所获，沈从文和丁玲失望地回到上海。刚到上海，就得到胡也频等已经在2月7日被杀害的消息。他们所熟悉、所热爱的一个生命，就这样被黑暗势力扼杀了，留给他们的只是带着温馨友谊的往事回忆，只是无尽的悲哀和感伤。与胡也频永诀时的那场冬雨，久久地洒在他们心上。

丁玲乍一得知这个消息时的镇定，使在场的沈从文感到钦佩。后来，丁玲在熟人面前也没有掉下一滴眼泪，对每一个前来向她表示慰问的人，她只是抿着嘴微笑，表现出一个女性少有的坚韧强毅。

早年在湘西军队中，沈从文见过多少厮杀和人的生命的消失，得知朋友的死讯，他除了痛苦和悲哀，不会有恐怖。但一个女子表现出如此的镇静，他却不能不对丁玲产生敬意。丁玲多次说出的这席话，沈从文是记忆深刻的：

> 死去的，倒下死去，躺入混合了泥土与积水的大坑，挤在一个地方，腐烂了，也就完事了，找寻它有什么用处？我们不必作这种蠢事，费神来料理一个死人。我们应当注意的，是活人如何去好好地活，且预备怎么样

> 同这种人类的愚蠢与残酷作战，如何活下去，又如何继续去死！
>
> （《记丁玲女士》）

沈从文认为，丁玲的性格正是在此次悲剧事件之后发生了变化。她不再是在北平与情人陶醉在浪漫爱情中的那个女子，温情，多愁善感，已经淡去。这种转变，便影响了她的创作和后来的生活道路。沈从文写道：

> 在熟人中就可以看得出她这种不将悲痛显出，不要人同情怜悯的精神，原近于一种矜持。她其实仍然是一个多情善怀的女子，而且也不把这样一个女子在这份生活中所应有的哀恸抹去。但她却要强，且能自持，把自己改造成一个结实硬朗的人。因为她知道用理性来控制自己，此后生活方不至于徒然糟蹋自己，故她便始终节制自己，在最伤心的日子里，照料孩子，用孩子种种麻烦来折磨自己，从不向人示弱。当时既不作儿女妇人的哭泣，此后在作品上也从不做出儿女妇人的陈述。
>
> （《记丁玲女士》）

不管沈从文的印象或分析是否准确，胡也频的被害，对丁玲的未来产生了重要影响则是可以肯定的。从丁玲自己的叙述来看，她在此之前，只是思想左倾，也参加了左联，但并没有像胡也频一样参加具体的政治活动，只是专心于创作。但在这之后，她便完全成了另外一种人，成为左联的一个重要领导人、实干家。

对沈从文来说，在胡也频事件的整个过程中，尽管最终没有改变朋友的悲惨结局，但他在那样复杂和充满危险的情况下，尽到了一个朋友的义务和责任。夜以继日的奔波，使他得以表现出他做人的基本信条——真诚，同时也表现出他平和的性格中所包含的湘西人的侠义之情。这一点，在随后护送丁玲母子回家乡的举动上，得到了更为充分的表现。

七 / 风雨故乡行

一个熟悉的生命消失了，活着的丁玲，因他的消失，生活陷入更大的艰难。她顿时成为上海的一个新闻人物。围绕胡也频的遇难，对她的传言越来越多。沈从文这样说过：

> 惟捕风捉影的传闻，则常常可从各小报或定期刊物上看到，对于死者已不能再说什么，便对于还依然活着的丁玲，散布无数不实不尽的谣言，增加她活着的危险与困难。或者说其人已过俄国，或者说人尚在上海有何活动，或者说她已同左翼作家某某同居，或者说……总而言之，则不过一群〔上海〕闲人，平日无正经事可做，上茶楼吃喝之余，互相以口耳在一个入时题材上，所做的无聊转述而已。
>
> （《记丁玲》）

各种无聊的传言，并不能损害丁玲，也不会让她和友人们感到忧虑。只是当听说国民党当局可能要对她和孩子采取进一步迫害的传闻后，他们才焦虑万分。沈从文并不是一个单纯的、对国民党高压政策无动于衷的人,他甚至认为自己更明了政治的残酷。当胡也频遇害之后,他就为丁玲母子的安全,时时担忧。

胡也频被捕之后,为了避免特务的纠缠,丁玲搬到了与他们一家关系密切的李达、王会悟夫妇家中。李达虽是中共的创始人之一,但现在已不再从事社会政治活动,而是成了一位学者。几年来,乃至以后的岁月中,他们一直是关心帮助丁玲的挚友。

后来,随着风声一日紧似一日,再住在李达这种政治性人物的家中,很可能有种种难以预料的不测风云。沈从文和丁玲都为之担心,在这种局势下,什么样的事情都可能会发生。沈从文有种种顾虑,国民党方面,"既做得出在毫无罪名可以宣布的情形下把一群青年人用乱枪打死,则海军学生死去以后,他们是不是还会想办法来处置这小小孤雏?"他和丁玲当即决定,离开李达的家,以免有人前来搜查,牵连他们夫妇。

沈从文在淮海路的万宜坊附近租下一个住处,他和丁玲都搬到这里。他住一间,丁玲和他的九妹住一间。这个住处是在一家杂货铺的楼上,比较寂静,来往的人极少,这样可以保证丁玲母子的安全。住在这里,丁玲很少下楼,只是在晚间才偶尔到街上走走。

由于忙于营救胡也频,沈从文耽误了回武汉大学开学的时间,他只好放弃大学讲师这一重要职位,留在上海。他不能不留下,丁玲和只有几个月的孩子需要他照应。虽然胡也频和丁玲有许多同志,但由于政治身份的原因,并不能冒这种风险。

这时,将胡也频的死讯瞒着丁玲的母亲,成了他俩共同的任务。

早在胡也频刚刚被捕时,他们就曾以胡也频的名义给丁玲的母亲写过信。

信是由沈从文执笔的。他们用丁玲的母亲熟悉的笔迹、熟悉的口吻来哄骗她。他们三人笔迹的相似，此时在这种特殊的情形下起到了特殊的作用。

沈从文谈到当时写信的情景：

> 海军学生失踪后，湖南来信询及，为了安慰这个老年人起见，除了把稍前一时照就的相片，陆续寄去以外，就照着那老年人所希望的消息，由我来代替海军学生，写过了三次回信。每次信上皆加上一些轻松快乐的谐谑，以及唯那一家三数人所知的私事，作这工作时丁玲自然是在旁加以指导与修正的。我们三人笔迹从一个专家看来，虽可以一目了然，明白它的差别处，但几人即皆共同习惯了用钢笔头在白洋纸上抄写稿件，简单处与草率处却正相近。并且在同样的一种纸张上，写上大小相等的字迹，所说的话又全是那老太太所熟悉的话，另外一方面，则又正是那么焦心等着远地消息，故这信一到，便照所希望的成功了。

（《记丁玲女士》）

沈从文写过多少风格多姿的作品，此时他以胡也频的名义写出的信，对于后来的人们，却是以一种独特的形式、独特的情感，产生了深深的感染力。这是他和丁玲的另一种创造。他能写出这些信，固然是因为他和胡也频的友谊，但更应看作他与丁玲友谊的体现。他和胡也频、丁玲的友谊，有着各种浪漫的故事，有《红黑》《人间》，但仅仅这些信就是可以令人久久品赏的果实，它们经岁月消磨而不减其色，更不会因为后来的纠葛而令人淡忘。

下面引用的一封信，集中反映了当时沈从文和丁玲所花费的心机。他们是想用亲切甚至带点撒娇的口气，来使丁玲的母亲相信胡也频还活在人间。

姆妈：得到你的信，你真会疑心。我近来忙得如转磨，冰之来信应当说得很明白，过大久不写信回来，难道就有什么了不得的大事吗？不要看那些报纸，不必相信那些报纸上的传说，那是假的。谁来捉我这样一个人呢？除了姆妈只想捉我们回家去陪大乾乾说西湖故事以外，谁也不想捉我，谁也捉不了我。

小频身体好，一天比一天壮实，将来长大了，恐怕只有回来在辰河作船夫，占据中南门小码头，包送老祖宗来往桃源同西湖。西湖如今不通船，我明白，我明白，不必姆妈来说我就明白。可是二十年后，世界不会同今天一个样子，姆妈不相信吗？小频吃得多，我也吃得多。我极想吃腊肉同菌油，家中的廊檐下，这几天太阳很好，一定还悬挂得有一个火腿，一块黄黄的腊肉，留给我回来吃的。姆妈，你等着，事情若不太忙，我会把小频送回来换这块腊肉。

我想远行，去的地方也许极远，因为……这些事冰之信说得一定很清楚了，不明白的你将来也自然会明白，这时我不告你。我只预备回来时同你下棋。我的围棋近来真进步多了，我敢打赌，我不会再输给姆妈！

请替我们问大乾乾的好，说这里有三个人很念她，一个是乾乾还不曾见过面的，名字叫作小频。小频真是个厉害的小家伙，他那眼睛鼻子皆像他的外祖母，一个天生的领袖！

我这信简直写不下去，小家伙古怪得很，只麻烦我，其实他早就应当来麻烦姆妈了！……

崇轩敬禀
(《记丁玲女士》)

在陆续寄出类似的信之后，丁母仍然屡屡来信催女儿女婿带外孙回来。这时，丁玲带着孩子在上海也极不方便，最后她和沈从文商量，决定回家。

丁玲决定把孩子送回常德，沈从文说还有另外一个原因，即她不愿意孩子被胡也频家中人接走。

胡也频的父亲知道胡也频遇难的消息后，曾千里迢迢从福建赶到上海。他打听到沈从文的地址，便找到了他，希望能通过沈从文去见丁玲。沈从文把这消息转告了丁玲：

> 丁玲明白这是为什么来的，虽一月以来成天只在打算把这小孩子交给过一个什么地方去抚育教养，但却不预备把他交给家中人。她知道若果小孩子送回福建，将来就不容易见面，且小孩子的教育，将来也难过问。但如果抱了小孩子去见那老年人，到时苦说及这件事，或一被挟持，小孩子就会被他们拿走。

（《记丁玲女士》）

丁玲一个人去见了胡也频的父亲。她告诉他，孩子不能带回福建。他同意了，但提出离开上海之前，能与孩子见上一面。然而，还不等这个愿望实现，福建就来了电报，说胡也频的母亲病重，胡父不等见到孙子就只得匆匆离去，也带走了深深的遗憾。

现在，她和孩子要离开上海了，家乡的亲人，家乡的气息，等待着她。

此时的长江一带正是战事频繁的时候，丁玲孤儿寡母千里奔波非常艰难，且时时有生命危险。沈从文不放心让她去冒这种险，他放弃自己的创作，决定陪伴她，护送她和儿子回家乡。为了一路上通行的方便，他们以"夫妻"的名义走上了返回故里的旅程。

姚蓬子证实了他们一同回湖南的事："决定由沈从文做伴，将小频送回外婆那里去，借口也频被繁忙的事务牵住身子，不能片刻离开上海。"（《我们的朋友丁玲》）

沈从文许多作品总是给人以淡泊静远的印象，熟悉他的人，也常常看到他性格中的平和。但是，自胡也频被捕以来，他性格中的另一侧面便充分得以显示。营救、探监，乃至此时决定护送母子千里远行，他似乎已变成了另一个人，那个与湘西古朴民风、与军人世家的特点更为吻合的人。能够使他这样的，只能是与胡、丁的友情，以及他做人的良知、热诚。而丁玲，此时也是以她真诚的友情接受沈从文伸出的援助的手。她需要他的帮助，同时，她也充分相信他，依靠他。

这是后来谁也不会否认、不会淡忘的友谊。丁玲20世纪80年代指责沈从文所写的《记丁玲》时，也仍然提到沈从文当年的侠义之举。

丁玲谈到这次远行：

> 一九三一年二月，胡也频死难后，我先住在李达家里，后来搬到沈从文兄妹的宿处。四月初，向《东方》杂志郑振铎先生借了二百元钱做路费，由沈从文先生陪我回到了湖南。
>
> （《魍魉世界——南京囚居回忆》）

关于回家路费，沈从文的记述有所不同。他说："那时她恰好得徐志摩先生帮忙，为向中华书局卖了一本书，得了一点钱，又从邵洵美借了一笔钱，我又从朋友王际真先生处收到了一笔钱,因此商量着,为图一劳永逸计,不如就冒一次大险,两人把小孩子送回家乡……"(《记丁玲》)

沈从文的说法比较可信。但书稿通过徐志摩不是卖给中华书局,而应是新月书店。新月书店在1931年5月出版了丁玲的短篇小说集《一个人的诞生》,书中收入丁玲和胡也频的作品各两篇,但因为胡也频不能公开,便只署上丁玲的名字。

丁玲为这本书写的序,也证明了沈从文的说法,并且说是他帮助与新月书店联系的。在序中她说:

> 原来《一九三〇年春上海》在计划中一共是五篇,集在一块,讲好归春秋书店出版,除《小说月报》已登载的二篇,和未曾登载的一篇,还有一篇未完,一篇刚开始,但是事变仓猝的看来,没有思虑的余地,便火剌剌地将手边所有的一些稿子凑拢来请从文卖给新月了,便成了这样的一部书。
>
> (《一个人的诞生》卷首《作者记》)

丁玲和沈从文大约是在1931年4月踏上回乡之路的。离开上海之前,为了不让丁母见到没有胡也频同归而起疑心,沈从文和丁玲又以胡也频的名义写出七封信,交给沈的妹妹。嘱咐她在他们离开后,陆续寄给丁母。同时,还拟好三封电报,让按照秩序拍发。第一封电告动身时间,第二封祝贺到家快乐,第三封催丁玲回上海。他们所设计的一切,都是为了造成胡也频仍在人间的假象。

千里旅途是艰辛的。一路上,沈从文帮助丁玲照料孩子。他们走的路线

胡也频被国民党反动派杀害后，沈从文（右一）护送丁玲携子回湖南老家返沪时路过武汉，与陈西滢（左一）、凌叔华合影

是由上海坐船到汉口，再从汉口经洞庭湖到常德，差不多用了十天时间。

路途上的困难，两人都不曾作过叙述。但仅仅在船靠常德之后，他们就遇到多次士兵的搜查，整个旅行就可以想象了。沈从文下面写到的情况，在出书时把后面几句删除了：

> 从离船到进城，总计不到一百步远近，便受当地驻防兵士施行过六次严密的检查，先还以为他们防匪防共那么办事认真，后来知道他们所注意的，还只是烟土同吗啡，以及私行贩运的军械。
>
> （《记丁玲女士》）

回到丁玲家中，他们编造的谎言果然使丁母相信了。他们在常德住了三天。为了让母亲高兴，丁玲强忍痛苦，极力装着快乐的样子，做一个天真烂漫的

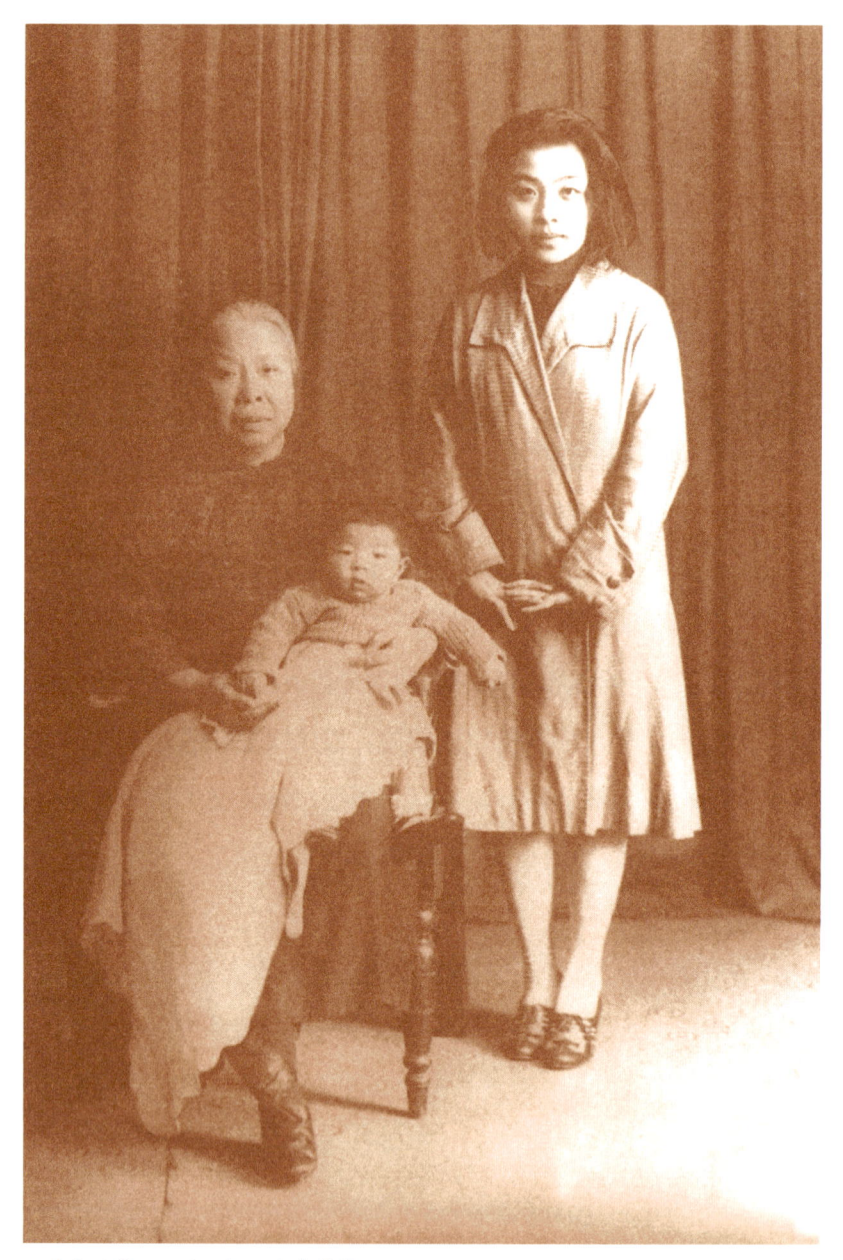

丁玲与母亲、儿子，摄于湖南常德

女孩子。她像一个中学生一样把头发分开，穿上母亲喜欢的衣服。她还要沈从文吃饭时，尽量和母亲喝酒，有时甚至还故意发发小脾气，引得母亲的欢心。

三天间，沈从文一直担心丁玲会当着母亲的面，失去感情的控制而暴露实情。但丁玲自始至终表现得如在上海朋友面前一样镇静。当离开家乡后，她才告诉沈从文，她一直想哭，但不敢哭出声，每天晚上都是用牙齿咬着被角哭。

按照他们事先的计划，提前写好的信和电报相继到了常德，这些信以胡也频的口气说："姆妈，莫太自私，把女儿留下，快放冰之来上海同我玩几天，我们一别必需三两年方能见面！我走后她回来陪姆妈的日子长。你再不放她出来，我真的不高兴了！"

丁玲的母亲相信了他们所说的一切，他们只在常德住了三天就启程回沪，把孩子留在丁母处。对于沈从文或丁玲，都可以把这次行程称作既短暂又漫长的旅行。两人都以各自的举动，闪现出他们灵魂或感情的光彩处。

"我们一切的安排，原本就正是不让老年人知道那一家人所遭遇的真实不幸！"沈从文的这句话，可以说包含了他对胡也频遇害的态度，也包含着他对丁玲的友情。在晚年，如果他回忆起这次特殊的旅行，应该还会有苦涩和温馨混合一起的滋味。

回沪途中，他们在武昌停留了数日。由沈从文带着丁玲去武汉大学探访了在那里任教的陈西滢、凌叔华夫妇。

凌叔华回忆，他们来去匆匆，只在她家住了一天。她和丈夫曾陪他们在东湖浏览一番，第二天他们就上船了。她的印象中，丁玲的样子很憔悴，情绪也不高。在谈话中，大家都避免谈论令她不畅快的事情。沈从文则顺便打听了继续任教的可能性，结果自然失望。（1989年12月与本文作者的谈话）

回到上海，本来沈从文曾答应去南京办一个刊物，想把它办成一个在精神方面具有独立性的刊物。但丁玲反对他这么做，认为他去南京不啻"与虎谋皮"。沈从文听从了丁玲的意见，放弃了原来的计划。

正在经济上开始遇到困难时，沈从文收到徐志摩来自北京的信。

自1925年以来，徐志摩成了沈从文的文学知音和支持者，是他最早在报刊上撰文高度评价沈从文的才气。随后几年间，除《小说月报》外，《新月》以及新月书店，是沈从文发表作品的主要阵地。同时，因为沈从文的缘故，胡也频和丁玲的作品，也在《新月》或新月书店发表、出版。

徐志摩这次来信是邀请沈从文到北京。他在信中说：

> 北京不是使人饿死的地方，若在上海已感到厌倦，尽管来北京好了。北京各处机关各个位置上虽仿佛皆填满了人，地面也好像全是人，但你一来，就会有一个空处让你站。你那么一个人吃得几两米？难道谁还担心到你一来北京米就会涨价？
>
> （《记丁玲女士》）

沈从文听从了徐志摩的建议，于5月中旬离开生活三年的上海，又回到了北平，丁玲则留在上海，仍和沈从文的妹妹住在一起。她以一种崭新的精神状态投入胡也频未竟的事业。

沈从文走了。上海留在了他的身后，他和胡也频、丁玲最美好的友情也留在了他的身后。

八 / 情涌笔端记也频

沈从文到北平后，仍然关心着丁玲的现状。他走后，丁玲仍然和她的九妹住在一起。从丁玲和九妹的信中、从报刊上，他知道一些关于她参加政治活动的消息。这时，沈从文正继续着在上海中国公学教书时开始的对张兆和的追求。在一封情书中，沈从文提到了丁玲最近在中国公学的一次演讲：

> 听说××到过你们学校演讲，不知说了些什么话。我是同她顶熟的一个人，我想她也一定同我初次上台差不多，除了红脸不会有再好的印象留给学生。

（《新废邮存底》）

丁玲的这次演讲，是在1931年5月28日，她和当时左联另一位作家韩侍桁，应中国公学青白文艺社邀请前来，6月8日出版的《文艺新闻》第十三期，发表了记者罗菲关于丁玲演讲的记录稿，沈从文可能就是从这里得知的。

丁玲演讲的题目是《死人的意志难道不在大家身上吗？》。她谈到了胡也频的死,谈到她对他的死、对小报关于她的谣言的态度。

> 死的原不只是一个好朋友;不过一个人与丁玲生活很接近,而大家只为是这一个人,而发生趣味;同时也以为一个人的死,只关系一个人,小报的造谣,说是无别人来追随死者的志趣;假如是同情只一个或许宝贵!但他们的态度可以找一点证据;大概他们以为哭,或比哭更无聊些。有人说:死去了一个朋友,仿佛丁玲应该努力;也有人对我有善意的勉励。但死人的意志,只在一个人身上吗?难道不在大家身上吗?

丁玲四处演讲,曾使沈从文为之担忧。他不主张她这样做,甚至认为,她的演讲的激烈,将来有可能累及邀请她的学生们。同时,他觉得丁玲的习惯并不适宜演讲,"她喜欢的是二三知己毫无拘束的谈天。一切应对皆浸透了亲昵与坦白,且许可随随便便的,继续不一的谈下去"。尽管如此,他依然认为,人们可以越过她所不擅长的演讲形式的樊篱,从中看到丁玲富于感情的气质,从那些表达得并不流畅并不动人的话语里,体会到她所蕴藏的一颗"对于人类博宽容忍与爱好的心"。

沈从文是在1931年5月中旬来到北京的,月底便收到了丁玲的来信。她谈到自己对创作的困惑,谈到在上海的活动以及下一步的打算。这封信,沈从文引录在《记丁玲女士》一文中。不能断定这信,包括其他引录的丁玲的信都是原件,但至少在内容上是可信的。

丁玲在5月底的这封信中写道:

> ……都说我可以同白薇一样,不妨教一点书。我明白这种事情在某

种人作来算不得坏打算，但我却太不行了。我不教书！倘若我当真还应当放下这枝笔，转到一分新的生活里面去，对于我相宜的，恐怕不是过大学去教人，还是到下层社会里去得点教训。

我这些日子东奔西走，忙于演讲，来听讲的照例总那么多人，话说完时还得被年青大学生围着，询问这样那样。他们皆那么年青诚实，和谦虚。可是人却非常感到疲倦了，尤其是当我从台上走下来，离开那些大学生时，说不出的一种空虚压在心上。"这样年青人能从我这方面得到些什么呢？我又能给他们些什么呢？"我不高兴！我觉得演讲已够无聊了。

想象我这样的性格，真是使自己难过的性格。从明天起打算多写些文章，没有人印，没有人看，也得写。我最相宜的工作，还是不放松这枝笔！社会是那么宽泛的，需要各样的人在各样合式工作中，极诚实地干下去。勇敢的死需要人，坚忍的活下去更要人，我们只能尽我们的力，报酬再少，环境再坏，也必须支持下去！

……

（《记丁玲女士》）

不管环境如何艰难，沈从文和丁玲，都以各自的方式，开始了新的生活。

刚到北平，沈从文住在燕京大学的达园。在这里，他结识了年轻的萧乾，正是萧乾使他写出了《记胡也频》，由他第一次把他和胡、丁的友谊见诸文字，并成为他的众多作品中独具特色的一部人物素描。

他是在杨振声的家中认识萧乾的。年轻的萧乾此时正在辅仁大学英文系本科学习，在此之前，他曾在燕京大学国文专修班读书时认识了老师杨振声，从这位老师这里，他得到了一些对当代作家的理解。在通过杨振声介绍认识的作家中,沈从文也许可以说是对萧乾后来的人生道路最有影响的一个。他们之间的友谊以及晚年的矛盾,同样是既充满美好最终又令人遗憾的事情。

他们的结识,应该是在1931年六七月间。这时萧乾刚刚与一位美国青年安澜合作,创办英文周刊《中国简报》。这个刊物由安澜出资创办,主要是将中国发生的政治文化动态,介绍给在中国的外国人,萧乾主要负责文学部分。在发表关于沈从文的介绍文章之前,他已陆续介绍了郭沫若、鲁迅、闻一多、郁达夫。

7月29日出版的第八期《中国简报》,发表了萧乾写的沈从文的专访,同时刊有由萧乾翻译的沈从文的作品《一个蠢人的日记》《阿丽丝中国游记》片段。通栏标题是《今日中国一个杰出的人道主义讽刺作家》。

与这一期同时,编者发行了一份单页中文宣传广告,谈到以后的设想。在以后的刊物上,将继续介绍一批中国作家,其中就有丁玲和胡也频。萧乾写道:

> 每期介绍作家一人,述其身世,性格,作风,并选译其短篇代表作。……待介绍者有志摩、沫若、光慈、叶绍钧、张资平、周作人、冰心、丁玲、胡适、冰莹、曼殊、也频诸作家。

萧乾的这一设想并没有成为现实,《中国简报》在第八期之后,因为亏本而停刊。尽管如此,他的设想却促使沈从文写出了《记胡也频》。沈从文在《记胡也频》和《记丁玲女士》中,都提到了萧乾约他写文章纪念和介绍胡也频的事情:

> 我还在北京住下时,有个在辅仁大学念书的小朋友,同一个很爱重中

国的年青美国人，为了他们所办的英文简报，平时即专以介绍点中国文学作品以及关于文学消息为目的。海军学生等失踪，他们觉得是一件不能过分忽视的事情，想为几个在中国混乱情形中死去的作家，特别出一期专号，要我为他们用中文写点关于海军学生的一切，以便翻译成为英文。我答应了他们这种委托，因此写成了《记胡也频》那篇文章。

（《记丁玲女士》）

沈从文在答应萧乾的请求之后，曾写信给丁玲，征求她对写作的意见，还建议由她自己来写。丁玲回信说：

> 我目前不能写这种文章，我希望你写。可以少写些，这个人你明白的，三句话就可以说完。还有写时得小心一点，因为家乡那一个，我们还不适宜于把这个人的真实消息送回去！她还以为他在俄国，寄了一张小孩子的相片来，要我转寄过俄国！

（《记丁玲女士》）

8月，沈从文离开北平，前往青岛大学任教，《记胡也频》就是在这个海滨城市开始创作的。在快写完时，他又给丁玲去信，把文章的内容和字数告诉她。丁玲于9月29日写来第二封信：

> ……记也频能准我看一看吗？我也常常想为他一生做一长传，然而一想到效果，便觉得太费力了。我这人真是个不合理的人，讲实利讲到这样子！不过我想我总可以写一点出来，在我个人对于他的纪念。但这是以后

的事。所以如今你能写，我非常高兴。

(《记丁玲女士》)

沈从文的文章于9月初结稿，这时《中国简报》已经停办，他便把文章寄到上海，在《时报》上连载。

10月4日，《时报》在第六版上开始连载《记胡也频》。很有意思的是，《时报》此时已经将巴金的名著《激流》连载至一百四十一次，沈从文的作品正好与巴金的作品同时与读者见面。从这一天开始，在两个多月的时间里，他们两人的名字或者同在一日，或者同在一版出现，也可谓一个佳话。

沈从文的这篇文章，最初发表时的题目为《诗人和小说家》，连载至第十一次（10月15日）时才改为《记胡也频》。

《记胡也频》分三十四次连载，前十一次由编者加有小标题，后面部分则取消了标题，题图一直为一位女子头像。在开始连载时，编者加了按语。按语写道：

> 沈从文先生的小说，大家多已读过了罢，幽美的精致的描写能如诗一般含蓄着不少韵味使你可以耐久地咀嚼，我们认识了这层，所以特别请求他为《时报》作稿，现在承他一口允许，先就寄下这篇长凡二万字的写实文章来。他与胡也频的过去，胡也频和丁玲女士同居的情形，而且还加着他自己写作生活，有历史意味，亦有小说意味，比他平常发表的作品，我们相信这篇更为难得，在那里显示出现代文艺界生活是何等困难，不过我们也在那里可以看出因为许多困难便就产生了不少青年作家，我们是十分钦仰青年作家，我们更感谢沈从文先生在百忙里许为我们《时报》作稿。

《记胡也频》书影

《记胡也频》连载至 11 月 29 日结束。丁玲就在这一天给沈从文一信：

> 时报上的文章我觉得你太主观了。尤其是关于《一幕悲剧的写实》那一段。当日也频写时原本全是臆造，我不愿小气，不同他计较。而你又忘却你自己，用这作材料，无乃冤枉丁玲之至！
>
> （《记丁玲女士》）

丁玲所不同意的这一段，主要叙述丁玲、胡也频与一位房东太太发生的故事。在 1932 年出书时，沈从文将这一部分给删去了：

> 两人搬去了不久，又到了有眼睛的就应该放肆的流泪，有口的就应当骂人赌咒了，这原因就是那个女房东太好了一点。
>
> 另一个人也到了把感情散布到习惯以外的趣味时节，相随而来的，就是多少青年人的孩气。这些眼泪同盟誓，若果两人不迁出这个房子，不是

> 容易结束的。
>
> 　　这故事，在也频一个中篇小说上，似乎描写到过一点点。人心原来全是脆弱不过的东西，何况又正年轻的时节，温柔体贴的言语，都愉悦人的身体、摇动人的兴味，正如同一阵大风摇动小小芦苇，是一件非常容易的事情。因为这类事属于年青人应有的一份，所以任何任性处，皆能使人觉得青春的力的可爱。在他们两人之间，没有比"任时间过去"一种方法来处置这事还好的方法，因为时间将使糊涂的成为清醒，先一件事已经有了明白的证据，同一事情可以希望在同一情形下结束，这是我预先料得到的。
>
> 　　但在另外房东那一方面，似乎不久也就有了眼泪同口舌了……

胡也频的《一幕悲剧的写实》，以日记体形式，记述男主人公同一位房东太太的婚外恋。从刚刚接触时的感情微妙变化，一直发展到两人偷偷到杭州西湖同居，随后又大彻大悟，放弃了各自的幻想。小说甚至明确写明主人公和房东太太感情发生关键变化的那一天，是1928年10月30日。

这个日子，是《红与黑》副刊停刊的前一天，也是胡也频和丁玲即将同沈从文一起搬到萨坡赛路204号的时候。胡也频的这部长约四万字的中篇小说，就创作于这一时期，并在1929年2月出版的《人间》第二期上开始连载。在他的所有小说中，这部作品极为特殊，它最无政治色彩，只是描写狭窄的一己情感。

由徐志摩主编，《一幕悲剧的写实》1930年为中华书局出版。自那以后，这部作品极少为人提及，即使研究胡也频创作的文章，也未见论及。1949年后出版的所有胡也频作品集，包括由丁玲编选的集子，都没有将它收入。

《记胡也频》约四万字，沈从文以一个小说家的多彩笔调，生动地描述了他所认识、所理解的胡也频，而这种描写，始终贯穿着他们三个人之间的友谊，可以把它看成两年后《记丁玲女士》的雏形。

对死去不久的朋友，沈从文怀着深厚的感情。虽然在生活中，他未必同意胡也频的政治见解，但在这篇作品里，他对胡也频却表现出敬意，活泼而生动的文字流露出由衷的赞美。他把自己与胡也频进行比较，感叹自己性格的弱点，而胡也频在他看来，则是一个时时充满自信心的强者。他下面的一段叙述，正是从人的角度以他独特的理解而对胡也频所做的评价：

> 至于那个海军学生却与我完全不同了。他是一个有自信的人。他的自信在另外一些人看来，用"刚愎"或"固执"作为性格的解释，都不至于相失太远。但这性格显然是一个男子必需的性格，在爱情上或事业上，都依赖到这一种性格，才能有惊人特出的奇景。这种性格在这个海军学生一方面，因为它的存在，到后坚固了他生活的方向。虽恰恰因为近于正面凝视到人生，于是受了这个时代猛力的一击，生命与创作，同时结束到一个怵目的情境里，然而敢于正视生活的雄心，这男性的强悍处，却正是这个时代所不能少的东西。

(《记胡也频》)

沈从文在文章中不提名地谈到了当年"鲁迅误会"的事情，这也许是他最早见诸文字的地方。他说："同时丁玲女士，又继续了这个方法，用同一式样的纸，写同一式样的字，所以有一次，丁玲女士给人的信，被另一个自命聪明的人看来，还以为是我的造作。"

说是记述胡也频，其实关于丁玲的篇幅甚至还要多。这里对她的描写，同样充满着友好，更是把她作为一个亲密的朋友而毫无掩饰地来写。他认为，

正是胡也频的影响,才使丁玲走上了文学的道路。这与他后来在《记丁玲女士》中所做的分析,可以互为补充:

> 就是由于那个有男性的同伴,三年来给她的影响,心灵的智慧,成熟到透明如水,由于凝静看到的百样人生,看到某一种生活里最微细的一部分,生活培养到这作者的灵魂,她不能再狐疑了。她除了运用她的最明澈的智慧,写出了作品,使荣誉伴同感谢,从一切读者方面获得,她不能再有更适宜于她的事业了。
>
> (《记胡也频》)

沈从文的这部作品,本来一直写到胡也频被捕、被害,但发表时却被当局删去,目前所见到的,只是写到胡也频被捕当天到沈从文处请他写挽联的事情。文章正文留下的最后一句,正好是写丁玲:"那种镇定,在二月九日,我们从南京方面赶回来,十号得到一个消息时,还依然保留在孩子母亲的脸上。"

被删除的部分,显然是当时犯忌的内容。后来出书时沈从文没有补充,我们无法了解它们的面貌,无法知道他是以何种方式和语言,控诉对友人的杀害,表达对死者的悼念之情。但是,在写完全文后,沈从文曾补加了一个"附志",说明写作此文的缘由,更重要的是他以深沉的哀痛和激愤,抒发了对胡也频的死的感慨。在当时那种情形下,他能说出这类话,又一次显示出他的性格的另一面。他说:

> 总而言之,到这个时节,他是用不着别人来想象他的如何存在,关心到他的本身了。但一个活人,他倘若愿意活下去,倘若还能活下去,他应

当想到的，是这个人怎么样尽力来活，又为了些什么因缘而死的。他想到那些为理想而活复为理想而死去的事，他一定明白"镇定"是我们目下还要活着的人一种能力，这能力若缺少时，却必须学习得到的。一个人他生来若就并不觉得他是为一己而存在，他认真的生活过来，他的死也只是他本身的结束。一个理想的损失，在那方面失去了，还适宜于在这方面重新生长，儿女的感情不应当存于友朋之间，因为纪念死者并不是一点眼泪。

　　我觉得，这个人假若是死了，他的精神雄强处，比目下许多据说活着的人，还更像一个活人。我们活在这个世界上的，使我们像一个活人，是些什么事，这是我们应当了解的。

(《记胡也频》)

　　胡也频等左联五烈士的遇害，是当年震惊中外的大事件。在当时白色恐怖的情形下，极少有人能出来为他们公开控诉国民党的残暴。沈从文作为一个作家，自然没有后来人所认为应该有的明确政治态度和激烈言辞，但他仍能于艰难之中秉笔直书对友人的情意，字里行间也充溢着正义和对专制强权暴行的愤慨。《记胡也频》让人感受到一股侠气，这或许来自湘西人特有的性情，或许来自沈从文早年行伍经历的磨炼。不管如何，它源于一种真诚的情感，和他的许多文字一样，也是他的艺术心灵的独特创造。

　　《记胡也频》于1932年6月由光华书店出版，1984年在《沈从文文集》第九卷中再次与人们见面。这次出版时，由沈从文本人作了一些修改。

　　初版本中被删去的主要有两处。

　　第一处是涉及鲁迅："用一个泼辣无赖精神，继承了革命文学的骂人兴味，有名为鲁迅负责的《萌芽》。这刊物事实上的编者为蓬子,同他们两人都熟习。"

第二处是写他1930年秋天到武汉后,在那里观看杀人场面的情况和感受。引文括号内即为被删除部分:

> 或插在一堆肮脏群众里面去,看一件新发生的事体。(我为了证明我也是他们的同伴起见,既接受那些面生的笑容,还报之以一种和悦的笑脸)看那个为刀切下血淋淋的人头,同那些还安置在许多人的脖颈上的肮脏人头,总使我感到一种极其深刻的痛苦印象。
>
> 在那种情形下,我的忧郁就是我的娱乐。(我欣赏那个世界的一切,享受那个世界的一切,那个世界的现象、营养到我的感情,我因此似乎也年青了许多)

新增加的内容主要也是数处。其中两处如下:

第一处是在谈到他们三人办《红黑》时,从不打算在刊物上攻击他人而揄扬自己:"尽人制造点有关我们的文坛消息,总是付之一笑,不作理会。"

第二处是谈到他对胡也频的性格变到强悍的看法时补充了一句:"尽管我从来不觉得我比那些人有丝毫高尚处,而且居多还感觉到自己的充满弱点性格的卑微庸俗,可很难和另一种人走同一道路。我主要就是在任何困难下,需要有充分自由,来使用我手中这支笔。"

《记胡也频》当年在光华书店的初版,沈从文说是由丁玲一手经办的,虽然她对某些细节曾提出过异议,但最终她没有做任何修改。尽管这部作品是沈从文创作的,但同样可以将它看作他与丁玲共同的成果,上面凝聚着他们各自对胡也频的情感。

这是他们友谊的一块碑石。

九／丁玲主编《北斗》时

没有痛苦，没有绝望，也没有丝毫的凄婉和柔弱，这些，都不属于丁玲。她需要的是胆量和勇气，需要的是斗争的激烈和兴奋。

从湖南重返上海后，丁玲找到了冯雪峰，她需要马上改变生活，希望投入实际斗争中去，继续走胡也频的道路，1980年她回忆说：

> 胡也频牺牲后，潘汉年、冯乃超、钱杏邨、冯雪峰，都来看过我。我把孩子送回湖南老家后，便要求到苏区。为此冯雪峰介绍我去见党中央的张闻天同志，我在兆丰公园与张闻天碰头。我对他说了我的愿望。我说，我是搞创作的，只有到苏区去才有生活，才能写出革命作品。张闻天答应了，叫我等消息。
>
> 过了一段时间，冯雪峰对我说，中央宣传部研究了，说有个工作要我来做比较合适。他说，现在有的人很红，太暴露，不好出来公开工作；说我不太红，更可以团结一些党外的人。中央要我主编《北斗》杂志，这是左联的机关刊物。在这之前，左联也曾出过《萌芽月刊》《拓荒者》《世界

丁玲主编的《北斗》创刊号　　　发表在《北斗》创刊号上珂勒惠支的版画《牺牲》

文化》《文化斗争》《巴尔底山》等,但都被国民党查禁了。冯雪峰说,《北斗》杂志在表面上要办得灰色一点。

(《关于左联的片段回忆》)

丁玲接受了编辑《北斗》的任务。她回忆,同时由姚蓬子、沈起予协助她。大致分工是丁玲负责联系作家,组织稿件;姚蓬子负责印刷业务和部分编辑工作;沈起予则因为懂得日文,就负责翻译。

把刊物办得"灰色"一些,这是左联新的方针。要完成这一任务,丁玲想到了沈从文。她知道在当时的文坛上,沈从文与很多政治色彩不太明显的作家,有着比较密切的关系,而这一点,正是办《北斗》的方针所需要利用的。于是,尽管在政治和文学倾向上他们已经有了显然的分歧,但她仍然写出了恳切的求援信。

根据组织的意见，6月23日，她给沈从文写出一封长信：

……上海实在也住腻了，心飞得很远，但只是一个折了翅膀的鸟，成日困在抑郁中。不过想到能飞去的地方，也不会成为怎样了不起的地方，所以也就用"算了"作为安慰。只有任时间流来流去，流到完了那天就完了吧。下半年你教书我决不想教书，我觉得无味。现在有个新的小书店，请我替他们编一个杂志，我颇想试试。不过稿费太少，（元半千字）但他们答应销到五千时可以加到二元或二元半，因此起始非得几个老手撑台不可。我意思这杂志仍像《红黑》一样，专重创作，而且得几位女作家合作则更好。冰心、叔华、杨袁昌英、任陈衡哲、涂女士等，都请你转请，望他们都成为特约长期撰稿员。这刊物全为我一人负责，我不许它受任何方面牵制，但朋友的意见我当极力采纳。希望你好好的帮我的忙，具体的替我计划，替我写稿，拉稿，通稿。我们自己来总比别人的好一点方好，你说是不是?!

我现在把我的计划告诉你：杂志为月刊，名还未定，（你替我想想看！）每期约八万字左右，专重创作和新书介绍，最好能常常有点有"趣味"而无"下流气味"的小文章。坐庄的人全靠我自己（我愿将全力放在这上面）和你。

想多找些老文人的文章，尤其想多推出几个好点的女作家，如上述的几个，还有沉樱也很好。八月若赶不及出创刊号，则九月也好。第一期或出一特大号，这样一定要有几篇长的好的大创作。我自己愿来一篇。你顶好也来一篇。你再好好地做一篇批评；单论一部书或一个人；这书这人都

> 要有影响的才好。第一期,一定希望冰心或其他一人有文章登载。你最好快点替我进行,过几天便可登一预告,说是:丁玲主编的杂志,已有了这些已成名的有地位的女作家,来合作。这真是动人的新闻。我希望能得到他们的同意的。事情还刚刚开始,一切计划皆不落实,你可多多为我想一想。上海的施蛰存我也想要他的稿子。北平有什么新的诚恳的小文人,我们愿意不放弃他们。
>
> 我已在开始写文章了,我想有个刊物必可逼迫自己多写一点。
> ……
>
> (《记丁玲女士》)

沈从文收到信后,很高兴丁玲有了充实的生活,并且还开始了新的创作。他答应她的请求,四处为之约稿。在北平,他找到冰心、林徽因、徐志摩、陈衡哲,还给政治大学的凌叔华写信约稿。他依然看重他们的友谊,他愿意在丁玲需要的时候伸出援助的手。

沈从文一边帮忙约稿,一边把自己的一些想法如实地告诉丁玲。他按照她的意思,还真的与她在信中就刊物的编辑方针作了认真的讨论。他完全知道丁玲正热心于左翼文学,但在朋友面前他没有掩饰自己的态度。在一封信中,沈从文写道:

> 绅士玩弄文学,也似乎看得起文学,志士重视文学,不消说更看得起文学了。两者皆尊敬文学,同时把文学也俨然近于溺爱的来看待文学"是什么"。虽各有解释,文学究竟"能什么"却皆糊涂了。我既不是绅士又不作志士,对于文学则惟只知它的产生,与产生技术,以及产生以后对于

它在社会方面的得失而加以注意。我且注意到它的真实分量同价值，不许它把价钱开得太大，也就是不许人对它希望太大。一切基础皆固定在我知识上，而不在权威或时髦理论上，目前大家所争持的似乎同我毫无关系。他们既称为作家，我想想，假若我无法参加这一切理论的检讨时，是不是还宜于来接近文学事业，真成为问题了。

绅士骂不绅士，不绅士嘲笑绅士，这算是数年来文学论战者一种永不厌嫌的副题，我觉得真不必需！其实两者正差不多，就因为两者还是人，坏的一样的坏，懒的一样的懒，至于好的，也还是一样的好。造谣谩骂对于根本问题有什么益处？但若干人的成败，显然皆有从此处下手的情形，我觉得对于这风气无法攀援，故预备不再让自己在这事业上鬼混了。照理说来，使一个人阔大不凡，实不在乎如目前一般人所谓有无思想，却只看这人有无魄力。一些无用的人，即或从小到大吃长斋，生来既无补于佛教的兴衰，死后也不会成佛，有些人毫无一个君子的品德，他却可以做出一些有益于社会人类的事业来。有气魄的人的沉默，比小小东西呐喊还动人多了。你不觉得吗？为了社会正需要小麻雀吱吱喳喳，正欢迎小丑，我想离开这分生活，过几年再看看一堆日子能不能帮我们把习气修正了一些。
……

（《记丁玲女士》）

丁玲的回信说：

不要发牢骚，把自己的文章抄好，把熟人的文章逼来吧。这刊物，就正是想用成绩来修正一切上海习气的一个刊物！为什么不赶快把文章寄来?我问你。

　　稿件你一定为我催催,顶好在七月二十号以前能寄来。我还欢喜同他们能够直接通信,你可不可以将我的意思告诉他们?我更希望他们能对丁玲和善一点,亲近一点,没有事的时候,将丁玲当个朋友,同我在纸上说些不客气的空话。自从九九走了后,我连一个说话的都没有了!要人爱容易,找人玩也容易,然而要得到几个那么熟悉,那么不拘束,那么可以发点小脾气的朋友实在太难了。九九到了北京不为我写信,我难过得很!刊物取名曰《北斗》,这个名字你以为怎么样?

　　天气热,流汗使人生气。既预备过青岛,到了那里你看看,住得安稳,我想想我要来青岛玩时也容易多了。青岛海滩真美丽,抓起一把砂子,你就可以看出若干螺蚌的残骸。那是一本真的历史,不过只是用这些小小生命写成的历史罢了。我到过青岛,忘不了那个地方……

(《记丁玲女士》)

　　从这些通信来看,他们两人此时虽然思想有分歧,但友谊还是依然如旧。

　　沈从文替丁玲约稿十分顺利,这些文坛著名作家都先后送来了新作。冰心回忆,当年是沈从文前来找她,把丁玲的请求转告她,还留下丁玲的地址,由冰心将稿件直接寄到上海。她于七月底写出一首诗《我劝你》,寄给了丁玲,成为《北斗》创刊号的重头之作。接着,她又为第二期创作了另一首诗。(1989年10月与本文作者的谈话)

　　沈从文的得力帮助,使丁玲感到非常高兴。沈从文在离开北平前往青岛大学之前,收到了她的又一封充满感激和自信心的来信,她把沈从文的功劳和《北斗》的顺利创刊联系在一起:

……看见她们一些奶奶们都将要为我们这个杂志而重新提起创作的趣味,我觉得是非常高兴的事。她们或许要更来认真一下,努力一下,假使她们有了什么一点可贵的成绩,我觉得这也还是我们的成绩呢,所以我很快活。假如我能将她们一切已成的、过去的女作家们;已经为一种好的生活营养着,无须乎怎样去努力了的,还和一些新的,充满着骄气和勇气,但不知道怎么样去努力的年轻的女作家们联结在一块,于一种亲切的友好的形式下握起手来,无间无忤的往前走去,大家会在里面感到充实有意义一点!

我自己呢,自然得分外努力!我觉得,真是常常觉得,对我好的人太多了。我常常会为这些难过,会觉得太对不起这些人;这些并不在我面前,而感到很切近的一群。他们爱我,他们喜欢我的作品,他们希望我;希望我更能写出些好的东西。而我呢,我觉得过去简直骗了这一批人。我的成绩还不应当得到朋友那么多的尊敬与爱好。我的力量有限,生活又那么一个样子,只能让别人失望!我看我自己的缺点,比什么皆还看得清楚,我只是个纸扎的老虎,现在好像完全怕人拆穿,怕失去一群人的好意,勉强把这纸扎的空虚皮囊填满起来,填的大部分却是稻草!一个人经验太少读书太少怎么行?我还得去学,若我有一分勇气,还应当放下这枝笔,再到另外一种人群里去学习!你说"我担心你在绅士方面的成功,将使你成为另外一个人"。我觉得没有一句相当的话可以表示我感谢你的意思。你说的是。不过,你放心,我不是希望在这方面得到成功的,我正惭愧在这方面的小小成功!

……生活就是工作,工作也就是生活,把自己精力凝聚在某一点上面去,是的,人人皆应当那么办!你且等着看,倘若我过去日子,真如你所说的"被不幸的命运绊了一跤",那么,"应当爬起来再走"的气概,又回到我身边来了。我预备走。我明白,不走也不行啊!

(《记丁玲女士》)

经过丁玲三个月的努力,《北斗》终于问世了。1931年9月20日创刊号与读者见面。在创刊号上,因沈从文的关系而发表作品的有:冰心、林徽因、徐志摩、陈衡哲等人。在编后记中,丁玲特地提到了朋友沈从文的帮助:

> 现在第一期是出版了。使我很高兴的,就是各方面拉稿,不算困难。都愿意为这刊物写了一些稿来。我自己觉得这里是很有几篇可看的东西。至于关于每篇的内容,我想不必详细地介绍了。不过这期创作小说我认为少了一点,因为我的朋友沈从文先生答应的稿子,寄来得太迟了一点,不能等他便付印了。不过第二期一定可设法再弄丰富一点。现在可以预告的是还有冰心女士的诗,叶圣陶先生、沈从文先生的小说……

和以往左联的其他刊物相比,《北斗》显然有所区别。诚如中共中央宣传部的文化工作委员会和左联常委的指示,《北斗》的作者阵容和《萌芽》《拓荒者》《巴尔底山》等刊物比,的确"灰色"了一些。沈从文也好,徐志摩、冰心等人也好,恰恰就是左翼文艺曾经激烈批评过的人,可是如今,他们堂堂地出现在左联机关刊物上,对于扩大左翼文艺的影响,不能不说起到了重要作用。

然而,这一面貌很快被改变了。在第二期(10月29日)、第三期(11月20日)上,还刊有冰心、凌叔华、沈从文的作品,第四期他们的名字便消失了。丁玲的一番努力，忽然受到了扼制。她如此醒目且集中地发表为左翼文艺所批评的作家的作品，完全可能受到指责。

就在《北斗》第三期上，发表了一篇署名"读者之一"的致编者的来信。许多年后，从阳翰笙等人的回忆中，人们才得以知道这位读者即是曾任左联党团成员的耶林。

耶林的信主要批评第一、二期中的小说作品，认为这些作品"描写技术上固然获得较满意的成功，具体意识则不免颇多不正确的倾向……"，他甚至说有几篇的取材对象"更是十足的小资产阶级性"。他几乎对每篇小说都做了分析，他这样批评凌叔华的《晶子》：

> 《晶子》的技术十分圆熟，毫无意识可言，却读得不感晦涩。它写着一般小家庭的美满生活，现社会与这小集团不起任何冲突，他们的生活程序契合着规律。这类非社会化的文学作品，我以读者之一的资格敢说，大多数人已不欲接近了。

（《耶林纪念文集》）

耶林还批评了冰心、徐志摩等人的诗："诗多旧派，倾向太坏。"他还希望编者重视文学批评专栏，"批评给予作者的指示是很大的，可以叫现在倾向坏的作者不再重蹈覆辙，同时使文艺界一般的进行走上轨迹"。

耶林的来信并非只代表他个人的意见。在此之前，他曾以一个工人工作者、文学青年的身份给丁玲写过三封信，而且都是在《北斗》出版之后。在其中的一封信中他谈到他和刘风斯、繁市等人，每礼拜有一次集会，讨论有关文艺问题，他说过："我们讨论过林风眠、郁达夫，日后可以把我们的结论写出来，寄给《北斗》。"他批评《北斗》的这封信，完全可以看作他们讨论的一个结论。

在发表耶林的来信之后，《北斗》上对"灰色"作家的批评就逐渐多起来。第二卷第二期（1932年5月20日）上司马今（瞿秋白）的杂文《老虎皮》，就是借冰心的小说而展开议论，其中就有贬斥的言辞提及冰心："固然，冰心那种自由主义的伤感的口气，证明她自己也只是一个市侩。"

对左联以外的作家做出更严厉而普遍批评的是钱杏邨的文章。在1932年1月20日出版的《北斗》第二卷第一期上，他发表了《一九三一年中国文坛的回顾》。钱杏邨此时任左联负责人，他回忆曾有三期《北斗》是由他编辑的，但丁玲否认过这一点。（1990年4月12日本文作者与陈明的谈话）

钱杏邨在这篇长篇论文中，几乎对左联以外的所有当时的重要作家，都一一作了批评，其中自然包括沈从文，以及他为丁玲所联系的那些作家。这是一大段值得重视的评论：

> 既成作家中，除已经论及的外，没有什么新的开展。在惨死的诗人徐志摩所领导的"新月诗人"的一群中，虽产生了一个陈梦家（有《梦家诗集》），但《雁子》（梦家的诗）和《雁儿们》（志摩的诗）原是一样的货色，青出于蓝，而青不胜于蓝；徐志摩的《猛虎集》（新月书店）除假借了哈代的一个雄壮的诗题（《猛虎》是志摩译的哈代诗）外，是没有新的特色。冰心只印了一个回忆：《南归》（北新书局），依旧在那里发展她的资产阶级意识形态。他们在努力的创作传记文学，但胡适的《四十自述》，并没有展开什么成就和特点。巴金，虽写作甚多（如《死去了的太阳》《激流》《雾》及其他短篇），老舍虽发表了《小坡的生日》（《小说月报》），可是并无新意。茅盾的《三人行》，依旧是过去的《幻灭》《追求》与《动摇》

的类型的作品，虽然在意识形态方面，已显示了作者若干的进步。冰莹的《清算》，虽然表示了一种新鲜的风，但这一种风还是革命的小资产阶级的风，她还是在"革命与恋爱"定型的观念的题材里兜圈子，而没有实际的理解左翼作家的当前的主要的任务。袁殊的《工场夜景》虽有相当的成功，但对话太多是大缺陷。周作人的散文小品，还是"古色古香"，"进步毫无"。其他的一些作家，如沈从文、鲁彦等，那是更不必说的，是"依然故我"，一贯的发展着资产阶级的个人主义的意识形态，以及智识分子所具独浓的理想主义的倾向、虚无主义的倾向。

如果钱杏邨没有编辑过《北斗》，那么他的这篇文章就是经丁玲之手发表的。对于这种对朋友的批评，刊物上没有作任何解释和编后说明。对他发表在第二卷第二期的另外一篇《上海事变与鸳鸯蝴蝶派文艺》，"编后"里面倒认为有不赞同的地方："杏邨的论文，批评了我们平日不很注意的那些文艺，于工作是很重要的。不过杏邨的文章还有缺点，他的分析没有触到阶级的根底，没有强调指出'鸳鸯蝴蝶派'的关于上海事变的文艺的政治意义。这些问题是我们可以讨论的。"这个"编后"是否为丁玲所写，尚未确定。

丁玲处在两难之间。她是一个感情丰富的女人，对文学有着特殊的敏感和爱。她给沈从文的信中所呈现的感情，不能看作是虚假的，她所表示出的对冰心等人的喜爱与感激，也不能说只是出于工作的需要而故意写出的。

革命与文学之间，事业与友谊之间，集体与个人之间，丁玲回旋着、徜徉着。出现在我们面前的，便是私下通信中与刊物上两个不同的、甚至矛盾着的丁玲。在事业和集体中，仍然想保留一点个人的特点，也许正是丁玲性格的魅力，后来的生活以及种种坎坷遭遇，完全证明了这一点。

对《北斗》最初宗旨的变化，沈从文是从另一角度分析的。他说：

> 《北斗》的产生与它此后的发展是截然不同的。这刊物若在北平出版，则这刊物将如最初计划的形式，对于女作家一方面或者逼得出一些好成绩来。但这刊物却在上海出版，距离她所需要合作的几个人那么远。并且我不久又离开了北京。故这个刊物开始几期，虽然还登了些北方的文章，到后自然就全以上海方面作者为根据，把这刊物支持下去了。
>
> （《记丁玲女士》）

尽管《北斗》以后几期的面貌并不与沈从文的见解一致，但他从个人的角度仍然首肯了丁玲的努力："然刊物虽极难得到使编者满意的稿件，出路又窄，但刊物给人的印象，却为历来左翼文学刊物中最好的一种。尤其是丁玲自己，对于这刊物的支持，谨慎的集稿编排，努力与耐烦处，皆留给一般人一个最好的印象。"

从第三期开始"红"起来的《北斗》，马上引起了国民党当局的注意，出至第二卷三、四合期（1932年7月20日）被查禁。

丁玲和沈从文最后一次的合作，就这样结束了。

十 / 冯达的出现

冯达走进了丁玲的生活。好似一阵轻微的风,在经历过暴风雨之后的湖面上轻轻拂过,没有激起水花,但却有一圈圈平静的涟漪,慰藉破损的心灵。

丁玲是在创办《北斗》前后与冯达结识的。冯达当时为美国记者艾格尼斯·史沫特莱当私人秘书、翻译,史沫特莱通过他与丁玲取得联系,作过多次谈话。

刚刚失去胡也频的丁玲,在经历了感情的痛苦和生活的磨难之后,此时或许感到苦闷和疲倦,需要温存,需要慰藉。丁玲后来回忆,在认识冯达之前,她已经对爱情感到心灰意懒。她说:

我这时的生活实在狼狈。关心我的左联的朋友们有人认为在如此处境下,一个人生活太艰难,不是长久之计。但我这时对于恋爱实在心灰意懒。我相信不会有谁能像也频那样的纯朴热情,因此我只愿一心写作,或做一点工作,不愿用什么爱情来分占我的心思,我的精力,我的时间。我需要一个爱人,一个像也频那样的爱人,但又不想在生活中平添许多麻烦。有时我甚至以为一生一世最好是一个人自由自在的生活；而且也频的影子老在我心里。

（《魍魉世界——南京囚居回忆》）

丁玲对爱情的失望而产生的寂寞，应该与她无法实现同冯雪峰的爱情也有关，《不算情书》中的两封信可以证实这一点。丁玲在1931年8月11日的信中说，她为忍受对冯雪峰的爱而承受着痛苦，她的这种心境，对好几个人说过，但她说人们都不理解。理解她的只有姚蓬子。她说："只有蓬子知道我不扯谎，我过去同他说到这上面，讲到我的几年的隐忍在心头的痛苦，讲到你给我的永生的不可磨灭的难堪。"

姚蓬子记述过丁玲对他所谈及的内容。

也频走后的这一段短短的时间里，我和丁玲是天天都见面的。常常在夜里一盏套着一个大的磁灯罩的电灯底下，两个人靠近炉边，对着红红的炉火，什么都谈，谈不完谈不厌地谈下去。我抽着烟，不久这小小房间里便被白雾所塞住了。在这烟雾中丁玲似乎感到窒闷，站起身来去打开窗户了。

我们的谈话，终于在某一夜里，谈到丁玲久已要告诉我的而终于隐忍下去的话上了。这话，仿佛一团长久塞在她心头的淤血，现在才一口气吐出来了。虽然是感到剧痛的，可是吐出了之后可以比较舒畅些。她告诉我这二年来的隐痛，生活在矛盾和不安中的烦乱的心。她是那么孤傲的一个人，有勇气去蔑视别人的一切尊重和好意的，此刻是低着头，垂下眼睛，幽幽地带点颤抖地诉述着。虽然映着红红的炉火，仍旧可以看出她的脸色有着一种不常见的奇怪的惨白，一种说不出的悲伤的紧张和兴奋。她的眼

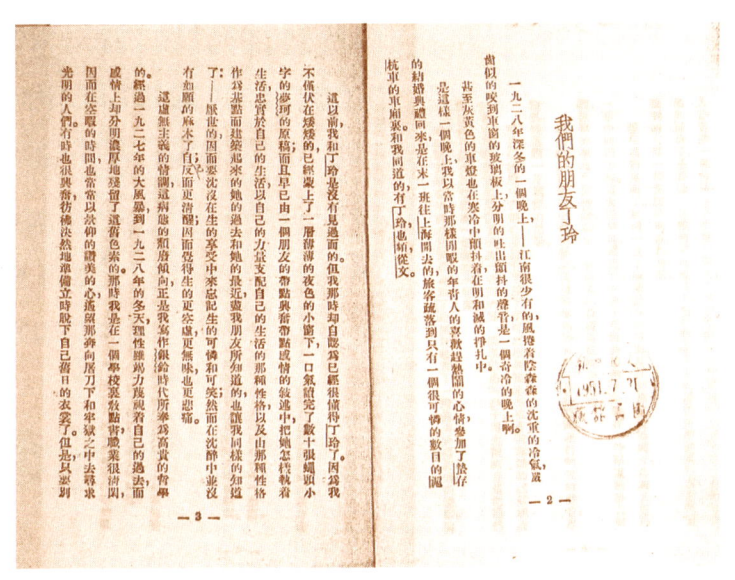

姚蓬子关于丁玲的文章

光望着地板，不敢抬起头来看我。有时会说到半路上又突然停住了，跑去倒在床上，低低地，可是伤心地哭泣着。

她告诉我的是，和我那朋友，虽然后来决心写信和他决绝了，但她是不能忘记的。这二年中，因为想到他而瞒着也顿独自伤心着的事情是有过。想给他一封信，而终于忍下去了，或者正在开始写着而又终于毁去了的事情也有过。刮着风的奇冷的冬夜，偷偷地跑到他住着的那房子的周围，徘徊着，希望能够偶然见他一面的事情也有过。……她说她是不能忘记的，然而没有一个人知道她这秘密地受着苦的心。

（《我们的朋友丁玲》）

胡也频的遇难，困扰心境的感情，都完全可能使丁玲处于她所说的寂寞之中。同时，丁玲现在对冯雪峰的感情，也不同于从前。她知道一切都成为过去，梦想，只能是永远无法实现的梦想。她愿意把感情埋在心底，由她独自品味它的苦涩。她现在有了战斗的事业，有了每日充实生命的工作，同时她和所爱的人又拥有着同一个信仰和理想。对于她，这也许就是一种莫大的安慰。

就在写出《不算情书》中的第一封信的同时，1931年8月上旬，丁玲创作了一首诗：《给我爱的》。诗中没有明确说是为冯雪峰而写，但和《不算情书》以及人们的回忆相参照，可以确信它是为冯雪峰而写，真实地袒露出丁玲的心境：

> 没有机会好让我向你倾吐，
> 一百回话溜到口边又停住，
> 你是那么不介意的，
> 不管是我的眼睛或是我的心。
> ……
> 我们不是诗人，
> 我们不会讲到月亮，也不讲夜莺，
> 和那些所谓爱情；
> 我们只讲一种信仰，它固定着我们的心。
> ……
> 只有一种信仰，固定着我们大家的心，
> 所有的时间和心神却分配在一个目标里的各种事上了，
> 你不介意着这个，我也不要机会倾吐，
> 因为这在我们，的确是不值个什么的了。

1931年的丁玲，美国女作家史沫特莱摄于上海

一种感情的折磨，消融在对理想的理性追求之中，尽管其中可能有种种外人永远无法领会的原因。

就是在丁玲的生活带有这种孤寂色彩的时候，冯达，一个几乎可以说是决定丁玲未来命运的人，出现在她的面前。丁玲说：

> 谁知就在这寂寞孤凄的时候，冯达走进了我的生活。这是一个陌生人，我一点也不了解他。他用一种平稳的生活态度来帮助我。他没有热，也没有光，也不能吸引我，但他不吓唬我，不惊动我。他是一个独身汉，没有恋爱过，他只是平平静静地工作。

（《魍魉世界——南京囚居回忆》）

这是一个平稳的、不使丁玲时时感到骚动的人，与沈从文笔下的胡也频，完全不同。胡也频充满热情，高兴时可以哄她，服侍她，不高兴时又会生气，挥起拳头吓唬她。现在，胡也频去世了，丁玲该需要什么样的生活呢？

沈从文写过，当朋友就生活问题询问丁玲时，她曾这样开玩笑地回答："我也要讨个太太。同男子一样，要一个肯同我过穷日子，不嫌恶我，知道爱我能敬重我的人。你们男子图方便，找情人时多就熟人中去选择，我却预备要一个生人。"

正是从这一角度分析，沈从文得出一个结论，丁玲"并不是要个太太，却实在需要一个女孩子作为朋友。倘若真有那么一个同伴，与她能在一处过日子，这女子既了解她，明白她的短处，尊重她的长处，又信托她，帮助她，且能用青春的美丽与天真来温暖她，两人合住下去，成为她感情的尾闾，她此后性情会不同一些，此后生活与命运也会不同一些。"

丁玲自然没有如沈从文所说，和一位女性共同生活，但是，她接受冯达并很快一起生活的原因，却从某些方面多少印证了沈从文的看法。在当时丁玲的眼中，冯达的确带有女性的温顺和体贴，对于她恰恰是一种生活的补充。

> 他不爱多说话，也不恭维人。因为从事秘密工作，为了迷惑敌人，他穿戴整齐，腋下常常夹几张外文报纸。他没有傲气，也不自卑。他常常来看我，讲一点他知道的国际国内的红色新闻给我听。因为我平日很少注意这些事，听到时觉得新鲜。有时他陪我去看水灾后逃离灾区的难民，他为通讯社采访消息；我也得到一点素材，就写进小说里去。我没有感到有一个陌生人在我屋里，他不妨碍我，看见我在写文章，他就走了。我肚子饿了，他就买一些菜、面包来，帮我做一顿简单的饭。慢慢生活下来，我能容忍有这样一个人。后来，他就搬到我后楼的亭子间。这年十一月，我们

就一起搬到善钟路沈起予家。

(《魍魉世界——南京囚居回忆》)

当沈从文在青岛刚得知丁玲与冯达的事情时,曾觉得有些太突然。他给丁玲写信,希望她在这件事上谨慎一点。沈从文对她说,她已不是一个小孩子了,应该明白生活中处处布满陷阱,对于突兀而至的爱情,即使不是一个陷阱,也应该多花时间予以考虑,而不能草率决定。他的意见自然没有起到作用。

后来,沈从文正是根据他对丁玲的理解来看待冯达的,他把冯达归于带有女性特点的男人。他写道:

> 那翻译恰是有着一个女性型范的青年,脸色白皙,衣帽整洁,缺少广东人的火气,却不缺少受过相当绅士教育的谨饬。躯干适中。不爱放口说话。办事时见得大有条理,爱人时则显得忠厚无二。这种人若还有可以称为特别长处的地方,即是为人"稳重可靠"。这分长处若用在生活事业上,则可以"办事"而不能"创业"。这分长处若用在爱情上,则可以称为一个妇人合用的丈夫,而不适宜于做一个女孩子的情人。

(《记丁玲女士》)

从这一方面考虑,对丁玲与冯达的同居,沈从文毫不感到惊奇,相反觉得非常自然。因为冯达虽然没有胡也频的那种热,但他能够给予丁玲生活所需要的温存。在他的笔下,他突出强调冯达的柔顺。

然而,沈从文并不认为丁玲的这一选择是无懈可击的。在他看来,丁玲不是温室里的小草小花,他用了一个比喻:"十围的松树,百尺的楠木,不在大气中严寒酷暑里长养,却移到温室里去,实在是一种不可修正的错误!"他甚至明确地说,温室实在不是这个湖南女子应住的地方。

沈从文本人与冯达没有交往,他见到冯达应是在1932年夏天,这时丁玲与冯达同居已有半年多。

沈从文这次利用暑假从青岛前往苏州,看望追求数年而不得的张兆和。途经上海时,他去看丁玲。他先找到了冯达。在见到冯达之前,沈从文已经多少知道一些他的情况,这次见面,冯达留给沈从文的印象便使他得出了上面的结论。

他在《记丁玲女士》中记述了这一次见面:

> 穿一件白纱反领短袖衬衫,身个子不高不矮,肩膊宽宽的,手臂短而结实。这人既衣履整洁,脸儿又白白的,一眼望去,还以为是一个洋行中的写字生与售货员。从身材上与眉眼间看去,则不必开口,就可知道他的籍贯不出福建广东。我把我的名字告给了他以后,他便显得十分高兴,问了我一些青岛方面的话。当我同他谈话时,一面我便思索我在什么地方或者会见过他。先施公司?永安公司?丽华公司?惠罗公司?……中国旅行社?是的,我一定记错了人。但无论如何,把这一个放到那些地方去做点什么事情,个人实在是不怎么不相宜的。……
>
> 可是不知为什么原因,一见了他我就有点疑心。

沈从文对冯达的疑惑,所用的言词,也许可以看成他对冯达的苛刻。在《记丁玲》出书时,他又补加了这样一句:"'脸那么白,如何能革命?'是的,我真这样疑心那个人。照我的经验看来,这种人是不宜于革命的。"沈从文写这些话时，丁玲已经失踪，他并不知道冯达的自首，他只是凭一种感觉来写出他的印象。

见过冯达之后，第二天，沈从文在住处等候丁玲前来。这将是丁玲失踪之前他们的最后一次见面。

丁玲出现在他的门口，他们已将近有一年没有相见了。丁玲穿一件淡蓝色薄洋纱长袍，一双黄色方头皮鞋，比一年前更胖了。沈从文几乎不能相信，她一年的变化会这么大，"如非预先约好，我真想不起就是她。若这人在大街上粗粗地一眼瞥过，我是不会认识的。"他们谈了许多，冯达显然是一个主要话题。关于冯达，丁玲除在《魍魉世界——南京囚居回忆》里集中谈到一些看法之外，尚未见到其他的记述。沈从文下面叙述的他们此次的对话，或许从另一侧面反映丁玲的态度，至少是她在沈从文面前所表现出的态度。对照她对冯达性格的描述，这段对话基本可信：

> 我又问她日子过得怎么样，且说及那个只见一面的白脸少年，他给我的印象并不坏。她就轻哂着说：
> "一个忠厚本分的人，一个正派人。"
> "一个体面人，一个绅士风度的——"
> "不，许多方面还像小孩子呢。"
> "那么，生活必很像个样子了。老实说，远远地想象着，我们为你很担心。"
> "你如今见我那么胖，便应当'放心'了。"
> "还是不很放心。日子就当生活方面说来，过得怎么样？"
> "同住公寓一样，各人每天有各人的事务，把时间安排到自己那份工

>作上去，晚上在一处，"说到这里她似乎有了些害羞处，停了一停便轻轻地说："我们都异常客气，同朋友一样"！
>
> （《记丁玲女士》）

沈从文还和丁玲谈到她的工作，谈到《北斗》。丁玲所表露出来的政治热情和性格刚强处，同样使他感到她的变化。对左翼文艺曾经心存芥蒂的沈从文，他审视丁玲，愿意根据自己的理解，从热情、干练、兴奋的外表，看到她内心的寂寞。他认为即使新的生活——自然包括和冯达的同居，能使她温暖，但仍然不能不使她感到寂寞。

同过去一样，沈从文还是从人生、从性格的角度分析丁玲。

>但是一切人皆各有自己一分命运，性格强一点，所负的重量也就多一点，性格随和一点，便无往不宜了。她的性情表面上看来仿佛十分随便，灵魂却是一个地道农人的灵魂。为了服从习惯重义而轻利。为了与大都市的百凡喧嚣趣味不和，故大都市的一切，凡所以使一般人兴奋处，在她便常常感到厌烦。她即或加入了左翼运动，把凡是她分上应做的事，总好好地尽力做去，但到了另外一时，使她能够独自温习她的一切印象时，觉得浅薄讨厌的人，也许就正是身边那几个人。她认识这个社会制度的错误处与矛盾处，以及这个社会中某一阶级，某一问题，某一种人心灵，所有的错误与矛盾，控制支配她的信仰与行为的，还是她那一分热情。她自己便是一种矛盾，这矛盾就如同每一个农民把生活改移到都市住下时同样的情形。即或活得再久，即或在那里有作有为，这工作是不是她真正要做的，总留下一个疑问！
>
> （《记丁玲女士》）

他们还谈到上海"一·二八"抗战以及其他事情。丁玲兴奋地向沈从文追述徐家汇的罢工等上海发生的斗争。听她谈论这些,沈从文不免产生一种忧郁。在他看来,丁玲的性格与所热衷的活动,是非常不协调的。他甚至认为,丁玲是在演出生活的悲剧。他的这些见解,显然以后会为丁玲所贬斥。

这次见面之后,沈从文再也没有见到过冯达。这个出现在丁玲生活中的人,留给他的,只是一种无法说清的感受。沈从文为丁玲的生活和未来忧虑,这种忧虑还带有只有沈从文才有的淡淡的悲哀。丁玲,或是左翼文艺界人士也许不理解他的这种忧郁和悲哀,更不会赞同他。他对冯达的评述,对丁玲爱情生活的分析,必然会引起他人的异议。特别是丁玲,许多年后,她读到这些文字,不能不感到某种不满。但是,沈从文却是真诚地叙述着这一切,以一个朋友的友情,也以一个艺术家的眼光和直觉。

这次在上海的见面,短暂而匆匆,沈从文和丁玲的思想之间,显然隔阂更大,尽管昔日的友谊还维系着他们。他们都不曾预料,丁玲很快就会被国民党绑架,在三年的时间里,消失在无从知晓的角落。随后,他们虽然屡次重逢,但恩怨沧桑,昔日友谊不复存在,这次见面也就成了一曲绝唱。

很快,丁玲失踪的消息将使沈从文最后一次表现出他的侠义和情谊。

十一 / 丁玲失踪

丁玲失踪了。消息震动了上海，震动了整个中国文坛。

沈从文在青岛知道了这一消息。海滨的 5 月，正是美丽的时节。张兆和刚刚来到这里，沈从文对她长达数年的追求终于如愿以偿，他们几十年的婚姻生活从此开始。然而，平静和喜悦顿时被打破。

丁玲的消息来得太突然，太令人难以置信。

在 3 月前后，沈从文还和丁玲有过通信。他收到丁玲的信，信中丁玲谈到她近来的心情，还谈到她对正在构思创作的一部作品的想法，这部作品应是后来出版的长篇小说《母亲》。丁玲信中写道：

> 爱情是一个可笑的名词，那是小孩子的一些玩意儿，在我看来感觉得有些太陈旧了。一个二十五岁以上的人，若还毫不知道羞耻，把男女事看得那么神秘，男的终日只知道如何去媚女人，女的则终日只知道穿穿衣服，涂脂抹粉，在客厅中同一个异性玩点心灵上的小把戏，或读点情诗，写点情诗，消磨一个接连一个而来的日子，实在是种废料！这些人不敢去思索

1933年，赵家璧先生主编"良友文学丛书"，其中丁玲的长篇小说《母亲》为丛书之七。图为该书广告。丁玲画像为蔡元培先生之女蔡威廉女士所作

自己对于社会的责任，有的由于愚蠢，有的却由于狡猾，亏他们总找寻得出一个逃脱责任的理由，说出来时却又俨然极其合理！我正想写一本书，写一个与这种通常人格截然相反的人格，这个人比目下许多人还更懂得做英美公民的权利和义务，但同时她也看得极其清楚在如今的中国，做一个真的好公民，义务还有一些什么事。我预备把她坚实卓大的性格写出来，且很残忍的让她在一切不幸的下贱生活里去受折磨，还让她在那一点为真理而寻觅的路途中死去，你能不能贡献给我一点意见？

（《记丁玲女士》）

沈从文回信把自己的意见告诉丁玲。他鼓励丁玲按照自己的想法写下去，他也认为这个社会这个民族，正需要丁玲所说的女性：朴素、单纯、结实、坚强，不在物质下低首。"她即或不能如贵妇人那么适宜于在客厅中应对酬酢，只许

可她贴近这个社会最卑贱的一方面，但因此却见了多少日光下头的事情，自己的心也就为这真实的大多数的人类行为而跳着……"

5月传到青岛的不是新作品的成功，而是丁玲被绑架的消息。

丁玲是在5月14日被国民党特务绑架的。丁玲回忆，是冯达供出了他们的住址，并带着特务前来。

这天上午，她和冯达分别出门，冯达说是去看望两位同志，丁玲则去参加一个文艺团体的会议。头一天晚上，冯达在回家途中，便怀疑有特务跟踪他，所以两人约定，在中午12点以前都必须回家，如果一个人未能按时归来，另一位就应该立即离开，并设法通知组织和有关同志。

丁玲提前回到家中：

> 从正风文学院出来，我回到家里是上午十一点半，果然冯达未回。我认为这不平常。因为他说只是去两个记者那里看看的，应该比我回来得早。我稍微等了一下，就去清理东西，如果十二点钟冯达还不回来，我就走。正在这时，潘梓年同志来了，我把情况告诉了他。他这个人向来是从从容容、不慌不忙的，他拿起桌上的一份《社会新闻》，坐在对着门放置的一个长沙发上；我坐在床头，急于要按规定及时离开，但看见潘梓年那样稳定、沉着，我有点不好意思再催。

（《魍魉世界——南京囚居回忆》）

不该有的疏忽。白色恐怖下难以避免的灾难。

由冯达带领特务前来家中，却是丁玲万万没有预料到的。她承认，在被捕之前，她一直认为冯达是个好党员，工作负责耐劳，生活上也没有别的嗜好。

当在被捕现场看到与特务站在一起的冯达时,她不能不感到惊奇和疑惑。

不管丁玲后来多么痛苦或懊悔,这毕竟已成为难以避免的现实。冯达的这一举动,倒是证实了沈从文对他的直觉。沈从文当年写出前面那些对冯达的评说时,并不知道丁玲被捕的事情,更不知道冯达在其中扮演的角色。这也许可以看作他作为一个作家,在观察人物性格方面所具有的特殊能力。

丁玲这样写道被捕的现场经过:

> 突然听到楼梯上响着杂乱的步履声,我立刻意识到:不好了。门砰的一声被推开了,三个陌生人同时挤了进来。我明白了,潘梓年也明白了。我们都静静地不说话。

过了一会儿,丁玲见到冯达。

> 他一看见我和潘梓年,猛地一惊,然后就低下头,好像不认识我,也不认识潘梓年,他木然地、无神地往床头一坐,我立刻就站起来走到立柜边去了。我瞪着他,他呆若木鸡。我心里想,难道是他出卖了我们?

(《魍魉世界——南京囚居回忆》)

丁玲和潘梓年被带走了。第二天,丁玲便和冯达一起,被送上火车,前往南京,开始了她的一段特殊的生活——人们常说的"三年囚居"生涯。

从报纸上、从朋友的信中,沈从文得知了这一消息。胡也频的悲剧,眼看又在丁玲身上重现,这不能不让沈从文为朋友的遭际而痛苦,为国民党当局的行径而愤慨。5月25日,沈从文写下第一篇关于丁玲被捕一事的文章《丁玲女士被捕》。

据当年7月立达书局出版的《关于丁玲女士》中《丁玲失踪考》一文介

丁玲被国民党特务秘密绑架后，沈从文撰写的《丁玲女士被捕》

绍，报界对丁玲失踪的报道，最早见于 5 月 24 日上海《大美晚报》，由此看，沈从文可以说是较早对丁玲被绑架事件做出反应的作家。

沈从文在文章中，以极其愤慨的心情，控诉和指责绑架丁玲的行为。时常被人们视为温和且对左翼文艺持批评态度的沈从文，这里却判若两人，对友人的情谊，使他如同一个战士一样，用笔向社会发出自己正义的声音。他写道：

> 政府对于这类事情，按之往例，便是始终皆不承认。对于捕去的人，常常不由正当法律处置，多用秘密手段解决。如往年胡也频君，因左翼作家运动失踪后，至今犹无人知道他所犯何罪，且不明白他的死去，究竟如传闻所说，用麻袋装好沉到黄浦江中心呢？还是活埋地下呢？

> ……
>
> 在极愚蠢的政策下，死者死矣！然苦果稍能自强不息，知对现状有所不满，敢为未来有所憧憬的作家，皆如此一去无踪，生存的，则只是剩余下来的一群庸鄙自熹之徒，……政府于积极方面既杀尽有希望的作家，于消极方面，则由政府支出国库一部分金钱，培养这种闲汉游民，国家前途，有何可言？

沈从文的这篇文章6月4日发表在北平由胡适主编的《独立评论》上。发表时，文后有胡适于6月1日写的附记。胡适说沈从文的文章"排成后，已校对上版了，今日得着上海市长吴铁城先生来电，说'报载丁玲女士被捕，并无其事。此间凡关于一切反动案件，不解中央，即送地方法院。万目睽睽，绝不敢使人权受非法摧残。'此电使我们很放心。因版已排成，无法抽出此文，故附记此最近消息于此，以代更正"。

沈从文却不相信吴铁城的这一说法，6月4日，他又写出《丁玲女士失踪》一文，发表在6月12日的《大公报》上，他说：

> 上海公安局乃申明被捕者并无丁玲其人。然事实上则人业已被捕，且非由法律手续捕去。十几天前，她曾从另一人传出一个口信：
>
> "我已被人诱绑，不自由。"
>
> 被"捕"被"绑"不过是名词上的分别，她的失踪由于政治关系，则毫无可疑。……上海绑票固已成为某种人的专业，但总想不到在政治方面，也居然有人采用这种手段，对于一个作家，使其忽然失踪。
>
> ……

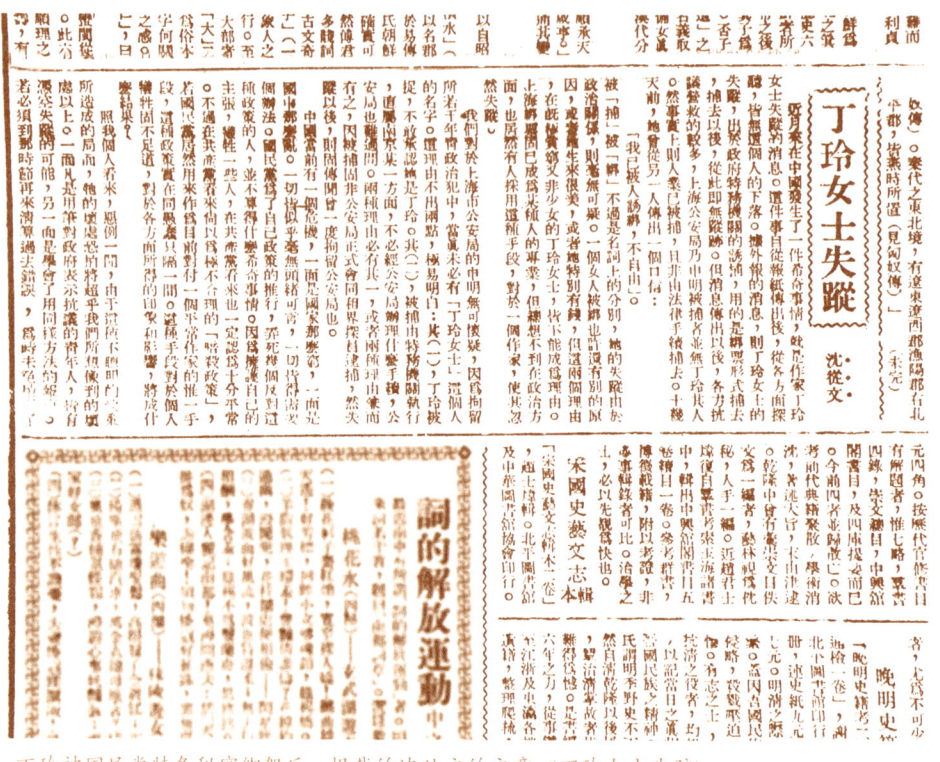

丁玲被国民党特务秘密绑架后，报载的沈从文的文章《丁玲女士失踪》

  为这件事情抗议的作家，人已不少，其他暂时沉默的，也正在等候政府一个合理的处置。这个人不能用"失踪"作为结论，她若因此失踪，我的预言是，将来还会有若干作者，相信除了告年青人"自卫"且指示出自卫方法以外，别无再好的话可说。

  除了撰写文章，沈从文与此同时还参加了文化界集体营救丁玲的活动。他与蔡元培、杨杏佛、胡愈之、叶圣陶、郁达夫等三十八位文化名人，联名向南京政府致电，要求释放丁、潘二人。电文如下：

施蛰存主编的《现代》杂志，对丁玲失踪一事高度关注

　　……南京国民政府行政院汪院长司法部罗部长钧鉴，此闻著作家丁玲、潘梓年突被上海市公安局逮捕，虽真相未明，然丁、潘两人，在著作界素著声望，于我国文化事业，不无微劳，元培等谊切同文，敢为呼吁，尚恳揆法衡情，量予释放，或移交法院，从宽处理，亦国家怀远右文之德也。

（转引自丁言昭《丁玲传》）

　　人们等待着，人们奔波着，左翼作家也好，左联之外的作家也好，几乎所有有正义心的作家都关心着丁玲的命运。

　　6月25日，天津《大公报》发表一则消息，称丁玲已于6月15日被枪杀。这一报道很快被证实为谣言，但丁玲被杀的谣言，却促使沈从文于失去朋友的痛苦之中，创作了短篇小说《三个女性》。

张兆和回忆，丁玲被捕的消息传到青岛时，她已经从苏州到了那里，准备同沈从文结婚。他们曾收到上海友人的电报，告知丁玲已被杀害，沈从文就是在这种情形下写出《三个女性》的。这篇小说大概只用了一两天的时间便写出了。

小说基本上以沈从文所熟悉的生活为背景，张兆和则成为其中的一个重要人物黑凤的生活原型。沈从文把小说的地点放在一个海滨避暑地，借三个在海滨游玩的女性的谈论，来写在远方受难的另一个女性梦珂。梦珂即丁玲一篇小说中的主人公，可看作借指丁玲。

小说在前半部分以优美而抒情的笔调，描述三个女性的悠闲、浪漫。她们在风光秀丽的海滨，谈论诗，谈论美，谈论黑凤与未婚夫璇若（沈从文用过的一个笔名）的爱情，俨然是充满诗意、没有烦恼与忧愁的天地。但是，很快梦珂成了她们的话题：

鲁迅所作的《悼丁君》

1933年丁玲被捕后纫君创作的丁玲木刻像

> "我们在这里，若照树木意见说来已经够俗气了，应当来个不俗气的人，——就是说，见了这黄昏光景，能够全不在乎谈笑自若的人，只有梦珂女士好。璇若先生能够把她保出来、接过来，我们四个人玩个夏天可太好了。"
>
> "她不俗气，当真的。她有些地方像个男子，有些地方男子还不如她！"

仪青又说：

"我希望她能来，只有她不俗气。因为我们三个人，就如蒲静，她自己以为有哲学见解反对诗，就不至于被树木所笑，其实她在那里说，她就堕入'言诠'了。"

蒲静说：

"但她一来我想她会说'这是资本主义下不道德的禽兽享乐的地方，'好像地方好一点，气候好一点，也有罪过似的。树木虽不嫌她如我们那么俗气，但另外一种气也不很雅。"

仪青说："这因为你不认识她，你见过她就不会那么说她了。她的好处就也正在这些方面可以看出。她革命，吃苦，到吴淞丝厂里去做一毛八分钱的工，回来时她看得十分自然，只不过以为既然有多少女人在那里做工，自己要明白那个情形，去做就得了。她做别的苦事危险事也一样的，总不像有些人稍稍到过什么新生活里荡过一阵，就永远把那点经验炫人。她虽那么切实工作，但她如果到了这儿来，同我们在一块，她也会同我们一样，为目前事情而笑，决不会如某种俗气的革命家，一见人就只说：'不好了，帝国主义者瓜分了中国，×××是卖国贼'。她不乱喊口号，不矜张，这才真是能够革命的人！"

黑凤因为蒲静还不见到过梦珂，故同意仪青的说明，且说：

"是的，她真会这样子。她到这儿来，我们理解她，同情她那分稀有的精神，她也能理解我们，同意我们。这才真是她的伟大处。她出名，事情又做得多，但你同她面对面时，她不压迫你。她处处像一个人，却又使你爱她而且敬她。"

蒲静说："黑凤，你只看过她一面，而且那时是她过吴淞替璇若先生看你的！"

"是的，我见她一面，我就喜欢她了。"黑凤好像有一个过去的影子在心头掠过，有些害羞了，便轻轻地说："我爱她，真是的。革命的女子的性格那么朴素，我还不见过第二个！"

沈从文正是借这些女性对梦珂的溢美之词，表明了他对丁玲的友谊，其中自然也包含了他对丁玲性格的某些评价。

小说后面写到，黑凤收到未婚夫璇若从南京拍来的电报："梦珂已死，余过申一行即回。"这一噩耗，使黑凤陷入深深的痛苦之中，她本来刚刚给璇若写信，让他想办法保释梦珂，并把她带到这里来，她们三人希望见到她。然而这一切都只是她们的梦，只是海滩上弥漫的雾。

沈从文此时以他小说家的虚构，设计了一个带有诗意的、与鲁迅的《药》相似的结尾。他对丁玲的评价，他对丁玲被捕事件的态度，可以说在这一构思中得到了集中体现，仅仅这一处，也足够证明他在当时的思想和感情。

小说这样结束：

因为仪青说即刻还要去梦中驾驶那小白帆船，故黑凤依然把那电报捏在手心里，吻了一下仪青的额角，就同她离开了。

她从仪青房中出来时，坐在楼梯边好一会儿。她努力想把自己弄得强硬结实一点，不许自己悲哀。她想："一切都是平常，一切都很当然的。有些人为每个目前的日子而生活，又有些人为一种理想日子而生活。为一个远远的理想，去在各种折磨里打发他的日子的，为理想而死，这不是很自然么？倒下的，死了，僵了，腐烂了，便在那条路上，填补一些新来的更年青更结实的家伙，便这样下去，世界上的地图不是便变换了颜色么？她现在好像完了，但全部的事并不完结。她自己不能活时，便当活在一切人的记忆中。她不死的。"

　　她自己的确并不哭泣。她知道一到了明天早上，仪青会先告诉她梦里驾驶小船的经验，以及那点任意所为的快乐，但她却将告给仪青这个电报的内容，给仪青早上一份重重的悲戚！她记起仪青那个花圈了，赶忙到食堂里把它找得，挂到书房中梦珂送她的一张半身像上去。

在沈从文的小说中，这篇不能算是出色的，但它却是一个特殊的创作，对于了解他对丁玲的友谊，显得尤其重要。1980年他将此篇收入文集重新出版时，因为已经发生与丁玲的矛盾，沈从文便在名字上做了改动。《沈从文传》的作者凌宇说："丁玲在1980第4期《诗刊》上发表《也频与革命》一文，很伤沈从文的心，遂在这以后出版的文集和选集上，一律改用'××'取代小说中的'梦珂'与'璇若'。"

社会各界声援、营救丁玲的努力，没有改变丁玲的厄运，她的生死之谜，在此后三年时间里折磨着每一个友人。

写出《三个女性》之后，沈从文仍然难以忘怀和胡也频、丁玲在一起的日子，他决定像当年写《记胡也频》那样，用多彩的笔勾画一个他所认识所理解的中国新女性，记录下他们的共同奋斗和友谊。

他该用什么样的笔调，什么样的心境，来描述他虽然熟悉但也许从未完全理解的丁玲？

即将创作的这部作品，对于他，对于丁玲，在未来的岁月里会带来什么？

他无从知道，然而，他真诚地提起了笔。

十二 / 湘西原本多侠气

丁玲是否仍在人间，一时间成为一个谜。

写完《三个女性》之后的沈从文，于1933年六七月间和张兆和来到北平。他们结婚了，新家安在达子营胡同。

他们刚刚住下，巴金也来到北平，就住在他们的新家中。这是一个小四合院，院子里种着一棵枣树、几棵槐树。两位作家便在同一小天地里，创作各自的、风格极为不同的作品。张兆和回忆，当时，巴金坐在客厅里写，沈从文则端一个小桌子，在院子的树荫下写。巴金回忆,他此时正在写"爱情三部曲"中的《电》。沈从文这时便开始写记述丁玲生活的长篇传记——《记丁玲女士》（后来出书时更名为《记丁玲》）。他是怀着对友人的深切感情，来记述他们之间的交往，同时，他又以他自己的观察和理解，来形象而生动地勾画出一个著名女性的人格、精神历程。

沈从文的笔是多彩的，他的创作心境也是多样的。和许多作家不同，他能如同一位迷恋景致的游人，在文体那千姿百态的山水之间徜徉。他不愿把自己的艺术触角囿于狭小的范围，而是乐于尝试，乐于探险，在适合自己才情

20世纪40年代的沈从文

的广阔天地里漫游。

　　过去人们说沈从文是文体作家，往往带有几丝贬义，其实，沈从文并不是一位"唯形式主义者"。他在创作中，有意识地尝试各种文体，不仅仅是出于他本能的对艺术形式的喜爱，更多的则是根据内容的需要来选择合适的形式。他对文体有一种超乎于其他作家的清醒意识，他的作家论，他的散文，他的各类结构的小说，都以不同于他人的特色而显示出他的艺术个性。他的这种意识，并非是一种"游戏意识"，他从来没有把自己的感情因素置于一旁而去作文体的尝试。把沈从文当作一个单纯写作意义上的文体作家，完全是一种误会。

非常明显，沈从文选择纪实文学的文体来写胡也频和丁玲，以及后来写自传，绝对不会是写小说太久而突然心血来潮尝试一下新的文体，而是他所想表达的情感，他所要描写的人物，必须采用这一形式。

由于沈从文历来强调艺术的节制，情感的节制，使得人们时常注意到他与作品之间的距离，以及他的超然。《边城》一类小说成功地表现出的淡泊、悠远、平静，更加加深了这一印象。然而这只是他的创作的一个侧面，和别的作品相比，《记胡也频》《记丁玲女士》似乎突出地表现了沈从文创作中受感情因素的影响。这两部作品的创作冲动，作品中场景和人物活动的描写，以及流露出的作者的情感，都不同于他的很多常为人们提到的作品。他没有超然，没有拉开自己和作品的距离，而是时时将自己的主观意识和传记主人公的现实生活交叉在一起，这大概是他对纪实作品文体的一种理解。至于他的难以掩饰的真诚而热烈的情感，使人惊奇，但却不能不说：这也是沈从文。

7月24日，由王芸生编辑的在天津出版的《国闻周报》十卷第二十九期，开始连载《记丁玲女士》，在目录中，这部作品被列"小说"类，署名"从文"，到第三十四期时，署名方改为"沈从文"。

在第二十九期《国闻周报》的"编辑后记"中，王芸生写道：

> ……这一期的文章，特别值得介绍的是沈从文先生的《记丁玲女士》。丁玲女士之死，已成一谜，我们从这篇类似小说的文章，可以深切认识这位女作家的身世、人格，及其时代背景。自从五四新潮，直至近今的革命洪流，多少青年男女滚滚浮沉，丁玲便是其中的一个。所以这篇文章，不仅可作丁玲女士小传读，简直是为这时代的一般青年男女写照。沈先生是新文坛上的健将，这篇长文尤其是他的成功作品。

《国闻周报》发表的《关于〈记丁玲女士〉》及沈从文的《记丁玲女士》一文

　　《记丁玲女士》全文约十一万字，从与丁玲初次相识开始，一直写到丁玲失踪，是1931年的《记胡也频》的进一步充实和延伸。关于胡也频被捕前后生活的描写，是1931年被禁止发表的，这次则作了充分的叙述。

　　在作品开始发表后，沈从文曾给王芸生写信谈到他写《记丁玲女士》的一些想法。他称这部作品类似于小说体的传记，同时，还有他对丁玲作品的理解。王芸生在8月14日出版的第三十二期以《关于〈记丁玲女士〉》为题，摘要发表了沈从文的这封信，王芸生写道：

　　　　《记丁玲女士》一文，已博得读者的欢迎，当无疑问。近得作者沈从文先生来函，谓"拙作续写下去，便为胡也频死前死后种种，惟涉及此类事时，照所经过记下，字数或较之预期者为多。因之对于贵刊久载此文，是否能引起读者兴味，思之颇为疑惑"。这我可以告诉沈先生，是无须疑惑的。函中又有一节论此文的体裁，可当做此文的"读法"，照录如后：

《记丁玲》书影　　　　　　　　　《记丁玲续集》书影

"此文因综合其人过去生活各方面而言,间于叙述中复作推断与批评。在方法上,有时既像小说,又像传记,且像论文。体裁虽若小说,所记则多可征信,即秩序排比,亦不混乱。故私意此文以之作传记读,或可帮助多数读者了解此女作家作品与革命种种因缘;以之作批评读,或较之其他批评稍能说到肯綮。然此种写作方法,究属试作,处置题材文字时,虽十分谨慎细心,惟其得失,一己乃毫无把握……"

沈从文的这段话,是目前所见到的他对《记丁玲女士》作的唯一说明。

在10月9日出版的第四十期上,"编辑后记"写道"……沈从文君的《记丁玲女士》,至本期已连登十一次,诚然是长的作品,我想也是读者长读不倦的。最近两期正谈到这一对年青夫妇的某种生活,这是很难着笔的,作者的文字甘苦,是我们应该领略的。"

编者所说的"某种生活",正是沈从文所描写的丁、胡二人参加左翼运动的生活。从这两期起,《国闻周报》上的删改开始多起来,几乎每面都可以见到"××"。有的段落,甚至大部分只是××,句子割得零碎不堪,难以明白原意。被删改的内容,主要涉及对左翼文艺和政治活动的描写。如今没有作者原稿,《记丁玲女士》便永远是《国闻周报》上这副百衲衣一样的面孔。

譬如写到胡也频被杀之后丁玲在上海的处境时,这么几句话被删得只剩下这副模样:

> 况且丁玲还正有人以为她已组织××××,预备在上海方面有所活动。种种不实不尽的谣言,不单迷乱了××,好像同时也就使×××××也不很明白。×××××××,×××,××××××,这并不稀奇。××××也算是平常的事。

《记丁玲女士》在《国闻周报》上连载了二十一期,至1933年12月18日出版的第五十期刊完。

1934年9月,赵家璧的上海良友图书印刷公司将《记丁玲女士》更名为《记丁玲》出版精装本,列入"良友文学丛书"第十种。书的出版,遇到了比刊物更多的麻烦和限制。此时上海的国民党已有图书审查制度,沈从文笔下的许多文字,显然犯忌,不能列入书中。于是,沈从文的这部作品被腰斩,《记丁玲》一书,实际上只是《记丁玲女士》的前半部分,后面大部分内容此次未收入书中。

《记丁玲》一书,为国民党中央宣传委员会图书审查委员会审查证审字第97号。在书后,赵家璧先生特地附上"编者话",对作品的腰斩作一说明:

> 沈从文先生所著记丁玲一稿，原文较本书发表者多三万余字，叙至一九三二年为止，因特种原因，目前未克全部发表，特志数语，以告读者。（原文实应为多出五万字左右。——引者注）

《记丁玲》一出版，赵家璧便连同老舍的《赶集》，一起送给鲁迅。鲁迅于9月1日当即给赵家璧写信，谈到了沈从文此书的命运："……又承送我《文学丛书》两本，谢谢。……《记丁玲》中，中间既有删节，后面又被截去这许多，原作简直是遭毁了。以后的新书，有几部恐怕也不免如此罢。"

从鲁迅的这段话看，《记丁玲女士》他是读过的，而且印象不错，不然不会有"遭毁"之说。

在9月15日出版的《良友图画杂志》上，刊有一则《记丁玲》的广告，可看作对沈从文这部作品的评价："丁玲女士的一生，可以说只有作者沈从文先生知道得最清楚。本书从丁玲的故乡和她的父母写起，作者特有的那支生花妙笔把一个冲破了旧家庭束缚到大都市里来追求光明的新女性，活现在读者的眼前，是中国新文学运动以来第一部最完美的传记文学。"

《记丁玲女士》中未被出版的部分，一直到1939年抗战期间，出版控制稍松时，才又由赵家璧的良友复兴图书印刷公司以《记丁玲续集》为题出版。此次，精装本《记丁玲》也改为普及本，和"续集"一起出版。有的文章记载《记丁玲续集》1934年就出版过，不确。

赵家璧先生回忆："沈从文先生于1934年夏把《记丁玲》全稿交我编入《良友文学丛书》中，9月1日出版时，列为第十种，初版精装本，共印4000册。当时国民党反动派在沪设有审查机关，此稿送审后，被迫删去最后的1/3，至今你可在版权页上看到审查证第97号的说明。1934年时没有出版过《记丁玲续集》的精装本。

"抗战爆发，良友图书公司地处战区，损失惨重，随即宣告破产停业。1939年，改组成立良友复兴图书公司，我任总编辑；为了适应战时孤岛上海的经济环境，把精装本的《良友文学丛书》一律改出普及本。鉴于当时国民党审查会早已逃亡撤销，我便把未发表的《记丁玲》最后部分，用《续集》名义，印了普及本初版；1940年5月，这个普及本又再版了一次。"（1990年4月17日给本文作者的信）

《记丁玲》以及续集与《记丁玲女士》比较，删改更为明显。大大小小的删去和补充，计有百余处，涉及字数则达万字左右。这大概是沈从文的作品中命运最为坎坷的一部，也是最值得校勘的一部。

出书时删去的内容，主要是对国民党杀害胡也频的批评，以及对丁玲、胡也频政治活动的叙述，也有几处涉及他们的个人生活的段落。

在一般人看来，包括后来对此书极为反感和气愤的丁玲看来，沈从文的思想是右倾的，对国民党政府也是不予反对的。人们只看到他曾批评过左翼文艺，而忽略他对国民党的批判，的确是不全面、不公平的。在胡也频被害、丁玲失踪生死难卜的那种环境中，沈从文能以正直的、为之打抱不平的态度来写出这类作品，不能说不具有勇气和对友谊的珍爱，这样的文字，这样的人，无论如何也不能视为怯弱，视为无聊的趣味。

下面两段被删改的文字，可能会使人们惊奇它们居然出自沈从文笔下，发表在白色恐怖最为严重的年月：

> 我觉得古怪的不是这种青年人的失踪，应是大多数人的麻木，……多数知识阶级还扪禽谈天，专在一些无当于实际的问题上有所争论，也不知

道杀戮年青人的办法是一种如何愚蠢的办法,故这种杀戮还在用种种方式继续下去。

  明白所谓纪念碑似的作品的生成,必须"把自己生活加入广泛劳苦群众的生活,自己的感情成为普通群众的感情,自己的欲望恰是群众的欲望",这样年纪青勇于生活勇于写作者,并不是没有人。然而这种人,幸而不被上海商人刻薄所饿死,便是被政府捕去所杀死,教授与战士,则惟各自以偏持的诚实,致慨于中国文学之无望,……政府对于作家除了愚蠢的杀戮以外,则从不作过一次聪明事情,读者则常常被一二负荷了三数盾牌迎风挂旗的流行作家,用朝三暮四的方法,养成皆毫无见解极其可怜的分子。……书店中人使她活下来,社会的统治者当想方设法毁去了这种难得的作家时,包括教授与战士在内,一切人皆仍然沉默着,如对于政府所做的其他各种蠢事一样,不发一言。中国将来若果真有所谓纪念碑似的作品,照我想来,则这作品是应当不要忘却写到这一件事情的。

  这里没有迟疑,没有遮掩,完全如同一个战士在呐喊,在慷慨激昂。沈从文的表述,自然缺乏左翼作家纪念胡、丁时所采用的明确的政治术语和同志情感,也没有更为强烈控诉和战斗的呼喊。他只是一个文人,更不是一个完人,他不可能像一个革命者那样面对强权政治的残暴。但,这毕竟是黑暗中迸发的火花,是弱者呈现的刚强。它属于正义、善良的人性,是中国文人最可宝贵的声音。在当时,他的这一举止,与社会的进步力量相一致;在后来,人们仍然可以从这些文字中更加全面地认识沈从文,理解沈从文。

  沈从文受感情的影响来写《记丁玲女士》,他的感情使他在我们面前展示出他性格的另一面。描述和论说沈从文的文章很多，人们喜欢述说的是他的温和，他的甘于寂寞。在人们看来，他身上缺少剑拔弩张式的阳刚之气，更有人则将他视为生性懦弱，且带市侩气，一胆小书生也。其实这也是一种误会，一个人的勇敢或者说阳刚之气，未必一定表现为拍案而起，怒发冲冠。只要他心中有真诚的情感在，这情，或是异性之间的爱，或是同性之间的友谊。情义一日不灭，他都可能为这情义而做出与平常性格迥然不同的举止。

以后的人们，读《记丁玲女士》，只要联系到它们问世的经过和当时的特殊环境，就会感受到沈从文炽烈的感情，感受到这位来自湘西、曾在士兵堆里滚过爬过的文人，身上仍然带有难得的侠气。这侠气源自友情，源自他的人生观念中对正义、对友情的态度。能这样对待友情、能这样看待正义的人，不可能是懦弱的，更不可能带有市侩气。

把侠气与一个外表儒雅温和的文人连在一起，似乎显得牵强。其实，健壮者、威武者未必就一定带有侠气。中国文人历来推崇为情义而献身的传统，沈从文虽然没有叱咤风云的气概，没有惊天动地的壮举，但他的血液里，依然流淌着文人美好的性情。在艺术观里，平淡是他赞赏的境界，在生活中，他同样信奉着平淡。而他的笔下所流露出的侠气，也就无声无息地渗透在他的平平淡淡的生活中。

沈从文在晚年最后一次回家乡时，曾有三个中年人带着许多礼物来看他。三个乡亲一见到他，就连声喊"恩人"，一起下跪。他大吃一惊，连忙扶他们起来。这三位中年人说，他们来自离凤凰一百多里的铜仁县（今铜仁市），在"文革"时期，他们曾到北京上访，要求澄清自己的冤案。到北京后，身无分文，他们想到了湘西的老乡沈从文，便贸然前去求助。多亏沈从文解囊相助，他们才得以回到家乡。可是，此次看着他们，沈从文无法回忆起这件事情。沈夫人隐隐约约记得有过几次类似的事情，但眼前的几个人的模样，她也无从回忆了。写文章谈及此事的人为之感慨地说："他们几个青年人哪里知道，那些年正是沈老夫妇每餐啃两个馒头过日子的时候！"（刘鸿洲《桃李无言，下自成蹊》）

这是毫不惊人的义举，朴素而清澈，一如沈从文笔下湘西的水。可贵的是，这种善良，这种热情，就是一种朴素的侠气，自然而然地发自沈从文的心中，是没有任何雕琢虚饰的天性的袒露。他平平静静地做，不求回报，不求虚名，更愿意人们遗忘。这是他做人的可爱之处，可敬之处，从写《记胡也频》《记丁玲》，到"文革"中的这件小事，有贯穿始终的脉络在。

应该说这种侠气，源于家乡湘西的熏陶。沈从文曾是行伍出身，在一群群剽悍勇武甚或带有原始野性的湘西士兵中间，他形成了人生观。他敬佩那些勇敢者，特别在孩子时代，对家乡赫赫有名的"侠者"总是抱有羡慕和敬重。在以《凤凰》为题目的散文中，他就以赞美的笔调描述过家乡当年著名的游侠田兴恕。在抗战开始时，沈从文对参加战斗的湘西士兵的英勇，也表示出极大的敬意。"这才像个湖南人！才像个镇筸人！"他感慨地说。他以家乡人的悲壮和正气作为自己的骄傲。当他对一些留在凤凰的家乡军人发表意见时，他赞美湘西人的侠气："同乡的性情，本质上有一个共同点，都是不畏强暴，仗义而能济人之急，具英雄本色，且以得人敬重为荣。"

沈从文用家乡的性情，鼓励同乡投入抗战，可见对湘西侠气他有着清醒的意识，在心中占据着重要的位置。他是一个文人，但家乡尚武崇侠的传统，早在他幼小的心灵里留下了美好的印象。这印象和他善良真诚的天性交揉在一起，带着它们，他走出湘西，走向人生。就这样，他给我们留下了许多平淡朴素却又感人的故事，留下了《记胡也频》，留下了《记丁玲》。

十三 / 幽居南京

多灾多难的一年随着冬日的寒冷成为过去,1934年平静地来到。新的一年,对于沈从文和丁玲,自然都是新的开始。

丁玲消失在无声的角落,人们仍然关心着她的命运,但刚刚失踪时的轰动,已渐渐变得沉寂。丁玲在无人知晓的地方,承受着巨大的精神磨难。在浓重的夜色里,她企盼着自由的阳光。

1934年1月,紧接着《记丁玲女士》,沈从文在《国闻周报》上发表了他的著名小说《边城》,这部作品是与《记丁玲女士》同时写的。两部作品,两种截然不同的风格,显示出作为艺术家的沈从文的特殊才能。

《边城》在1934年第一期上开始连载,连载至第四期后暂停,第十期恢复连载。在这期杂志上的"编辑后记"中写道:"沈从文先生前因回籍,《边城》续稿中断,自本期起陆续登载。"

沈从文在年初得知母亲病重,放下正在写作的《边城》,匆忙赶回湖南。此次是他在1931年和丁玲同到常德后的又一次重返湖南,也是他在离开家乡前往北平实现文学梦想后第一次回湘西。

当年幽禁丁玲的南京城外的苜蓿园如今已成大街

途经常德，沈从文由于来去匆匆，没有去看望丁玲的母亲。在家乡，他只待了三天就又返回了北平。

张兆和回忆，沈从文当时匆忙回到北平，是因为湖南政局非常紧张，随时可能有危险。没有去看丁母，并非因为其他原因。沈从文回北平后不久，母亲便逝世了。

《沈从文传》的作者凌宇对沈从文这次回乡的艰难处境，有过具体的分析和描述。他写道：

> 到家只有三天，沈从文便心如火焚。眼下的处境使他进退失据。——母亲已经病入膏肓，形销骨立，完全改变了旧时模样，成天大口大口咯血，生命已如一线游丝，朝不保夕。
>
> 他愿意满足老妇人的愿望，守在母亲身边，为母亲送终，以尽人子之道；可是，在邻省江西，红军因第五次反"围剿"失利，根据地日渐缩小，已有了战略转移的意图。相邻几省风声极严，这次返乡，一路上对外来行

人盘查已经极严。而家乡的熟人,又都疑心沈从文是"共产党"。这不奇怪,他与胡也频、丁玲的关系,通过报纸作媒介,已尽人皆知,不少人还看过他抨击国民党政策的文章。在这种时候,一点犯共嫌疑都会招来杀身之祸。更严重的是,他从亲友的口中,得知陈渠珍对弟弟沈岳荃正心存猜忌——沈岳荃此时已是陈渠珍手下一名团长,陈渠珍害怕他效法自己当年,从自己手里夺权。沈从文这时返乡,难免不犯陈渠珍大忌。一旦事出偶然,便会祸起萧墙。

然而,沈从文没有料到,他此次没有去看望丁母,日后会引起丁玲的不满,成为受责怪的一个内容。

当沈从文奔波于北平、湖南之间时,丁玲正被软禁在南京。在几乎与世隔绝的情况下,她没有忘记老友沈从文,尽管她曾经说他们近年来存在着一些分歧。国民党特务方面答应她给母亲或朋友写信,丁玲没有给他人写,而是只写给沈从文。不管她后来如何解释为什么只想到给他写信,至少这可以证明,在当时她还是相信沈从文,把沈从文作为自己的朋友的。丁玲说:

> 这时,我写了一封信,是给沈从文的。在信里,拜托他在我死后请他看在也频的面上,照顾我的母亲和也频的孩子。这封信只是为了表明,我对国民党从不抱任何幻想和希望,我将视死如归。为什么我写给沈从文呢?因为那时在我认识的故人中,只有他给人的印象是属于胡适、陈西滢、徐志摩等一个派系的。以当时的社会地位,只有他不会因为我给他写信而受到连累。我更希望,也只需要从他那里透露出一点信息:让朋友们和同志们知道,我现在南京,我准备作最后的牺牲。自然,徐恩曾(负责监禁丁

1935年夏,沈从文与张兆和在苏州。此次南方之行途中张兆和前去南京探望了被幽禁的丁玲

玲的国民党特务负责人——引者注)也要从我信的内容来了解我的内心思想,他怎么会把这封信真发出去呢。全国解放后,见到沈从文,他压根儿没有提到这封信,只说当时他无从打听我的消息。

(《魍魉世界——南京囚居回忆》)

张兆和也回忆当时他们并没有收到丁玲的来信,在很长一段时间里,都无从获知丁玲的下落。大约到1935年,才从在南京见到过丁玲的朋友那里得知丁玲仍然活在人间。知道丁玲的下落后,沈从文非常高兴,他和张兆和于1935年年底或1936年年初,在去上海途中,特地在南京逗留,去看望丁玲。张兆和说:"那是我们的孩子虎雏一岁多的时候,因为北京受到日本侵略的威胁,我们送孩子到南方去。我和沈从文到上海,路过南京,去看软禁的丁玲。记得她当时住在太平桥一带,和冯达同居,姚蓬子一家也住在一起。我们见到她,她很兴奋。她的儿子小苇护这时已经从常德到了南京,我给小孩还拍了照片,至今还保存着。我们在一起吃饭,看上去她对我们非常热情,没有感觉到什么别扭。我从上海回北京时,路过南京又去过一次,她正好不在家,我们便把一盒饼干留给孩子,没有等她就离开了。"(1989年10月与本文作者的谈话)

丁玲对沈从文这次探望的回忆,与张兆和大有差异,她说这时两人都心存芥蒂,之所以如此,丁玲说是因为两件事情使她对沈从文产生了不满。一件就是前面所说的沈从文没有去看她的母亲,一件是她被捕后沈从文拒绝出面营救她。

第一件事情丁玲是从母亲那里得知的:

> 此后一九三四年他返湘西,路过常德,住在第二师范学校,有师生建议他应该去看一看我母亲,但他不去;第二师范的同学们就自行去我家看望我母亲,并在我母亲面前说了一些不平的话。原来那时沈从文正以挚友的身份在报纸上发表《记丁玲》的长文。我母亲是饱经人情冷暖、世态炎凉的过来人,对此倒没有什么很多的感慨,只觉得这是一件很平常的事,值不得大惊小怪;她曾经把这些事当成别人的事那样讲给我听。而我心里却有点难受。

(《魍魉世界——南京囚居回忆》)

这件事,丁玲的母亲是听他人转述,可信程度难以确定,沈从文途经常德未能去探望丁母,有前面所说的原因。当年正在常德念书的刘祖春从另一角度谈到这一事情。

曾任中共中央宣传部副部长的刘祖春,是凤凰人,1934年毕业于常德第三中学,他回忆说:"常德只有省立第三中学,根本没有这样一个第二师范学校。我便是在第三中学师范部毕业的。沈从文当时在常德,如果住在学校里,我是文学社团的负责人,肯定会参加文学青年为他举行的聚会。1980年,丁玲发表批评沈从文的文章后,我曾收到一个校友的来信,他断定丁玲所说是莫须有的事。"(1990年5月29日与本文作者的谈话)

刘祖春的这位校友叫余培忠,是当年常德第三中学17班的学生,比刘祖春晚一届。他在给刘祖春的信中说,沈从文此次在常德,没有住任何学校,而是住在春申君墓旁边的一个由凤凰人办的旅馆。他与沈从文是老乡,在旅馆里见到了沈。在他的记忆里,沈从文只在常德住了一夜,第二天就匆匆忙忙离开了。他一直陪着沈从文,所以不可能有丁玲回忆中的事情。

余培忠的这一说法,从沈从文自己的文章里也可以找到佐证。《湘行散记》是沈从文记述这次故乡之行的作品,首篇《一个戴水獭皮帽子的朋友》,描写的就是那个旅馆的老板。文中写道:"这老友是武陵(即常德——引者注)地域中心春申君墓旁杰云旅馆的主人。……三年前,我因送一个朋友的孤雏转回湘西时,就在他的旅馆中,看了他的藏画一整天。"这次沈从文一到常德,就"又让那个接客的把行李搬到这旅馆中来了"。沈从文的文章中还具体描写了他和这位老板友人见面的细节。

不仅如此,沈从文还写道:"只因我已十多年不再到这条河上,一切皆极生疏了,他便特别热心,答应伴送我过桃源,为我租雇小船,照料一切。"第二天中午,沈从文便由这位热心朋友陪着离开常德前往桃源,从那里再换船

丁玲幽禁南京郊外时，在中央大学任教的常任侠带领班上学生前来探望丁玲并为她们摄影留念

驶向故乡。

从这些叙述来看，丁玲听母亲讲述的往事，极有可能是一种误传。即使真有其事，也应该珍视沈从文夫妇于危难之时前来探望的一番情谊。

第二件事情丁玲说是从李达的夫人王会悟那里得知的，从她的叙述看，知道这件事的时间则是在沈从文来访之后。她说：

> 我很奇怪，为什么她对沈先生有那么深的意见。后来才知道，就因为一九三三年我被绑架后，王会悟仍在上海，她写了好多信到湖南安慰我母

亲，说我平安无事，说有许多人在营救我。她怕我母亲不相信而难过，便今天写信用这个人的名字，明天又用那个人的名字；还用过沈从文的名字。哪里料到，后来沈先生却不愿意借用他的名义接我母亲到上海向国民党要还女儿。

(《魍魉世界——南京囚居回忆》)

王会悟所说的这件事，楼适夷是亲身经历者之一。他的回忆和丁玲关于此事的说法是一致的。楼适夷这样谈到此事："丁玲失踪后，上海组织了营救委员会，我算是主持人。大概在六月，我们在李达家中和他的夫人王会悟商量，把丁玲的母亲请到上海，由她出面向国民党要人。我们考虑到沈从文与丁玲的母亲熟悉，便想请他去接丁母前来。当时沈从文不在上海，就由王会悟出面给沈从文写信，她与沈从文也很熟悉。沈从文很快回了信，我是在王会悟那里亲眼看到信的。信中主要说两点。一是说，他已请胡适打电报给上海市〔市〕长吴铁城，询问丁玲的事情。吴回电说上海方面没有逮捕丁玲。二是说，近年来，他与丁玲已没有什么来往。他没有同意去湖南接丁母。这使我们很失望。他和丁玲别的事情我不清楚，但这件事是我经历的，不会有误。"（1990年5月18日与本文作者的谈话）

从这些回忆看，两件事情并非虚妄。问题是，沈从文是否如丁玲所说是不愿意帮助她，害怕受丁玲的牵连。凌宇对此有他的分析，基本上言之成理：

丁玲提及的两件事，究竟是否属实，已无从确证，因为这两件事都是第三者转述的。

沈从文是否轻信了吴铁城的电报？就在《独立评论》刊登胡适"附记"

的当天，沈从文写了《丁玲女士失踪》，驳斥国民党上海公安局否认逮捕丁玲。如果说，沈从文不愿以自己的名义写信要丁玲母亲来上海，是出于沈从文的"胆小，怕受牵连"，又何来《丁玲女士被捕》等文章？又何至于在营救丁玲活动中署名？难道后者的风险比前者要小？至于路过常德不去看望丁母事，丁玲是听母亲转述的，丁母又是听第二师范学生转述的。若确有其事，沈从文的原话如何？……即便有第二师范学生要沈从文去看丁母事，沈从文因急于返乡探望病危的母亲，而未能去看望丁母，从人情上也说不上有"人情冷暖，世态炎凉"之嫌。既然不怕牵连来看望仍被软禁的丁玲本人，难道还怕因看望丁母牵连？至于说沈从文对丁玲心存芥蒂，不大自然，似乎也出于丁玲的主观感觉。既然心存芥蒂，又何必老远跑来自讨没趣？

（《沈从文传》）

1937年海伦·斯诺到延安采访丁玲时，对幽居南京时的情况回忆中，丁玲却谈到当时她是坚决反对把母亲接到南京的，她把国民党特务的这一建议看作是他们的一种计谋。她对海伦·斯诺说：

> 后来，这些特务假装我的被捕是出于误解，并希望把我母亲弄来南京说服我出卖共产党，但我拒绝这样做。他们希望向我母亲贿赂寄钱，因为家庭要我扶养。这，我也拒绝了。
>
> 他们这些努力都不能使我"悔改"和抛弃党。冬天到来时，他们希望把我送到湖南。我不答应，而要求释放。他们对我无法可施，于是我被送到莫干山，我在那里受到优待，但不许看报。他们仍要求我写信叫我母亲来南京，我拒绝了。于是，我被送回南京，我在南京收到了母亲的六封

> 信，想来南京看我。四月份她来了，我很不高兴，因为未能阻止这件事。
>
> （《中国新女性》）

自己反对母亲来南京，却又会对他人不接母亲来南京表示不满，两者之间似乎很难联系起来。

在这些事情上丁玲与沈从文发生的不快，如今说清各自该负多大的责任已无必要。令人遗憾的倒是沈从文夫妇这次不远千里，风尘仆仆看望幽禁中的丁玲，但在丁玲的回忆中，却因为她所说的原因，这次见面没有给她带来丝毫喜悦和兴奋，反而显得并不愉快。她这样记述沈从文和她的会面：

> 我对这个人的为人是知道得很清楚的。在那种风风雨雨的浪涛里，他向来胆小，怕受牵连，自是不必责怪的。我理解他并且原谅他。只是再次见面时，总有一丝不自然。他呢，可能也有点不自然。他现在来看我总算很好，也是同情嘛，我是应该感谢他的，只是我们都没有敞开心怀，谈得很少。他见我在一场大病后，身体没有复元，劝我做点事，弄点事，养息身体。他说，如果我愿意的话，他可以向王世杰去说，请他帮忙。王世杰是国民党政府的教育部长，我自然不会同意去国民党的教育部做事，我谢绝了这番好意。
>
> （《魍魉世界——南京囚居回忆》）

张兆和说，当时她和沈从文并没有与丁玲相似的感觉，而且过后在北平见到王会悟时，大家的往来非常自然，依然如旧。

丁玲的这些回忆写于因为《记丁玲》而指责沈从文之后，这种情绪是否

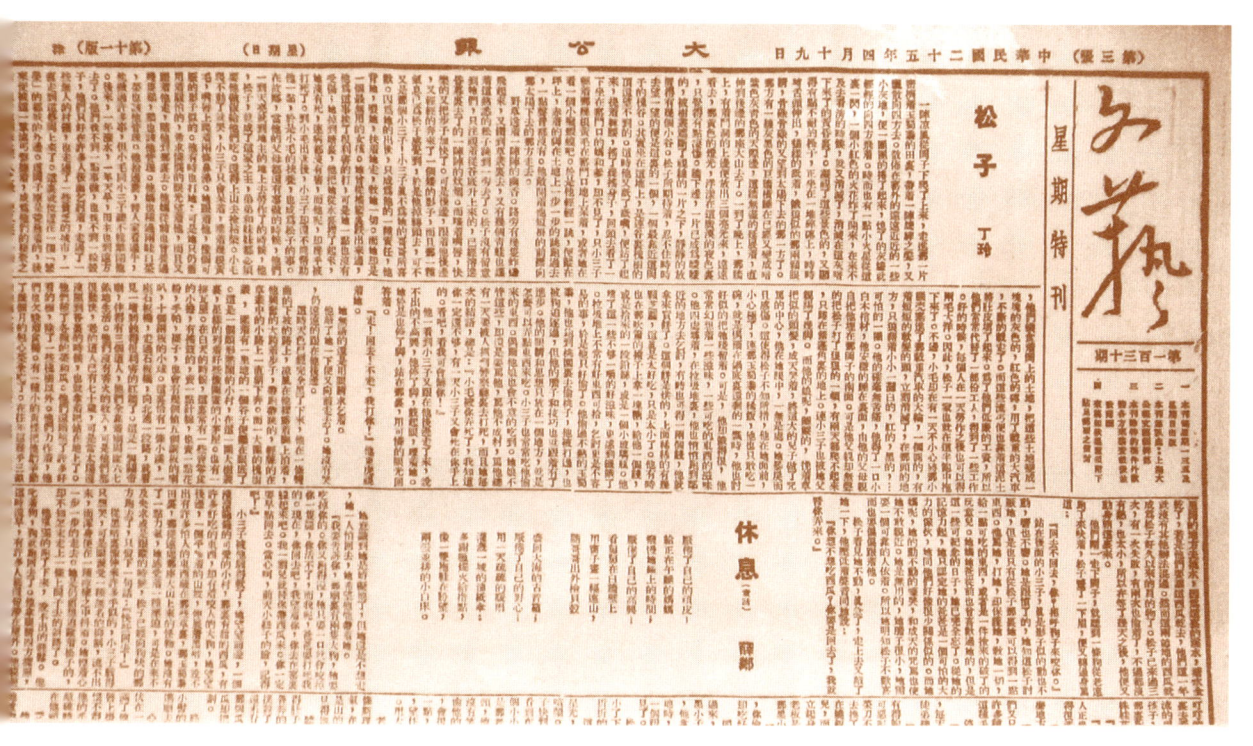

丁玲的小说《松子》发表在萧乾编辑的《大公报》副刊《文艺》上

会影响对往事的追忆，不得而知。

在沈从文看望丁玲之后，萧乾也在同年春天来到南京。

萧乾在1935年夏天从燕京大学毕业后，经沈从文和杨振声的举荐，到天津《大公报》接替沈从文编辑《文艺》副刊，而沈从文实际上做他的后盾。此次他到上海参加筹办《大公报》上海版，途经南京，他的另一活动便是看望丁玲并向她约稿。

萧乾回忆，可能是沈从文建议他去向丁玲约稿的。他说："怎样和丁玲联系上的，记不准确了，可能是沈从文告诉我的。我得到她的地址后，就从天津到南京。我约她给《大公报》写稿，她答应了。我到了上海，她很快就寄

丁玲在1936年春天摄于北平李达家,此照片为李达摄

来了一篇文章。"(1990年3月13日与本文作者的谈话)

丁玲寄给萧乾的文章,即是短篇小说《松子》,于4月19日发表在《大公报》的《文艺》副刊上。这是丁玲被捕将近三年来第一次公开发表作品,人们可以从作品中"小三子"对黑夜的恐怖,感受到她的心境。

但实际上丁玲似乎当时并没有与沈从文发生矛盾,她与沈从文在南京的胞妹也来往如旧。她自己说,在幽禁三年后第一次离开南京前往北平,便是从沈从文的胞妹沈岳萌那里要到的往返免票。

> 那时她在南京铁道部工作,每年都有四张二等卧车厢的免票。这种免票凡是铁道部的职员都有,不论旅途远近,都可以乘坐。
>
> (《魍魉世界——南京囚居回忆》)

丁玲这次到北平,据她回忆,是她计划逃离南京的一个步骤。在北平,她住在李达、王会悟家中。她在后来的回忆中,没有提到她在北平曾去看望过沈从文。张兆和回忆她到过他们家中。

刘祖春这时已在北京大学念书,他说他第一次见到丁玲,就是1936年在沈从文的家中。他记得那是一个晚上,他去达子营胡同二十八号沈从文的家,见到一个穿着黑色旗袍的女子,沈从文介绍说:这就是丁玲。(1990年5月29日与本文作者的谈话)

这是沈从文和丁玲在1949年以前的最后一次见面。他们的再次见面,将是在十三年后,那是一个他们的人生都将发生巨大变化的时代。

十四／世事三十年

中国新的历史开始了。

从1936年在北平的最后一次见面,到1949年丁玲随着中国共产党的巨大历史胜利而重返北平,世界已经发生了巨变。十几年风风雨雨,十几年各奔东西,沈从文和丁玲的生活,其变化,其差距,都会使对方惊奇。他们的情感,他们的观念,显然因为各自对人生道路选择的不同,而不可能再产生共鸣。

更何况当他们重新同在一个城市时,各自的命运反差竟会如此强烈。一个是历史凯旋者,一个是历史落伍者,甚或一度被视为历史的反动者。

丁玲完全可以自豪地呼吸新生活的空气,可以高昂着头,带着胜利的微笑漫步在青年时代熟悉的胡同里。她和胡也频共同追求的理想,终于实现,她可以在一个空气清新的早晨,或者一个晚霞美丽的黄昏,走到当年和胡也频居住过的公寓,告慰英灵。新时代的开始,人们会时时怀念为这个时代而献身的人。

丁玲可以默默地告诉胡也频很多很多。的确,她经历了一段艰难却又兴奋的生活。在延安,在战争烽火中,她用笔参加了中国历史的创造,并且一直是解放区文艺界的重要领导人。尽管延安时期因为几篇文章曾受到过批评,

丁玲所获斯大林文艺奖的奖章

1948年12月，丁玲在莫斯科。这张照片刊于《太阳照在桑干河上》俄文版第一版（1949年出版）

但同未来的逆境相比，那只不过是过眼烟云。或者，在她看来，那是一种正常的现象，新的成就、新的荣耀会使她淡忘那几丝不愉快。

她的新作长篇小说《太阳照在桑干河上》发表伊始，就被认为是她的创作中具有里程碑意义的作品。据袁良骏编写的《丁玲生平年表》，丁玲在1949年7月重返北平，这时她刚刚从莫斯科归来，在那里，她的这部新作已经被翻译成俄文，她为此撰写了俄译本前言。两年后，举世瞩目的斯大林文艺奖金，将第一次授予一个中国作家的作品。她，许许多多的中国文艺家，会把它作为殊荣。随后，这部作品，会被译成德、日、波、朝等十二种文字。

带着胜利者的喜悦和荣耀，1949年7月，丁玲在北平参加了中华人民共和国成立前夕召开的第一次文代会，在这次大会上，她当选为全国文联常委、全国文协（全国作协前身）副主席。随后又当选为全国妇联常委、全国政协委员。

1950年春天,她担任全国文协党组书记、常务副主席,主持文协的日常工作。

丁玲真正成了在海内外声名显赫的人物,她是新的共和国文艺的一个公认的代表。

沈从文则截然不同,曾经在文坛耕耘多年成就卓著的他,因为一度卷入政治论争,因为他的轻率或固执、偏颇,此时正被左翼文化界作为一个"臭名昭著"的反面人物而屡受批驳。当一个新的历史开始时,当昔日的朋友意气风发、各领风骚时,他却陷入苦恼、恐慌的境地,他不知道自己该面临什么样的命运,该选择一条什么样的人生道路继续走下去。

左翼文化界对沈从文的批判,多年来或重或轻一直没有停止过。以前的论争大多局限于文艺观点的分歧,但1946年后,随着国共两党内战的爆发,因为沈从文发表了一些被共产党人视为错误、反动的文章,对他的批评就自然而然变得愈加激烈。

沈从文并不像一般所讲,仅仅是一个性格淡泊、甘于寂寞、成日埋头于文学作品创作之中的人。他也有一个不安分的灵魂,在文学之外,他时常也沉溺于对芸芸众生、大千世界的思考。这种思考,总是深深地带有他特殊的对抽象人生的忧虑,并且由于个人色彩太浓而至于不合时宜。

他甚至太固执而又单纯,太看重他作为一个作家、一个来自湘西的"乡下人"的身份,他谈论政治,但未必深刻了解中国的政治,从人性角度谈论政治和社会,更容易引起误解而招致反驳。或者,他有些像堂吉诃德,常常轻率地发表一些反映他的艺术家天性而不可避免招惹麻烦的意见,向许多"风车"挑战。20世纪30年代因他而发生的关于"京派海派"的争论、抗战时期"与抗战无关"的争论……左翼文化界与他积怨甚深,虽然只局限于文艺方面。

1946年之后,情况发生了重要变化。

沈从文在1946年冬天，先后发表《〈文学周刊〉编者言》《从现实学习》等文章，马上引起了左翼文化界对他的严厉批评。

在这些文章中，沈从文一方面继续坚持他的文艺观，强调作家就应该埋头于创作，用实绩来显示文学的伟大；另一方面，他对中国大地上进行的内战大发议论，随意评说。他认为，内战是"数十万同胞在国内各处的自相残杀"，作为一个文人，一个崇尚"知识和理性"的"乡下人"，他对战争双方都予以贬斥：

> 国家既落在被一群富有童心的伟大玩火情形中，大烧小烧都在人意料中。历史上玩火者的结果，虽常常是烧死他人时也同时焚毁了自己，可是目前，凡有武力武器的恐都不会那么用古鉴今。所以烧到后来，很可能什么都会变成一堆灰，……因为在目前局势中，在政治高于一切的情况中，凡用武力推销主义寄食于上层统治的人物，都说是为人民，事实上在朝在野却都毫无对人民的爱和同情。在企图化干戈为玉帛调停声中，凡为此而奔走的各党各派，也都说是代表群众，仔细分析，却除了知道他们目前在奔走，将来可能作部长、国府委员，有几个人在近三十年，真正为群众做了些什么事？当在人民印象中。又曾经用他的工作，在社会上有以自见？在习惯上，在事实上，真正丰富了人民的情感，提高了人民的觉醒，就还是国内几个有思想，有热情，有成就的作家。
>
> （《从现实学习》）

沈从文的本意虽然是强调不能迷信武力能够治国平天下，但在复杂的历史现状中，他的书生之见，无疑会被视为"历史的反动"。他显然捅了一个马蜂窝！

连他的朋友巴金，远在上海，也为在北平的他而担心。巴金责怪他不该对自己并不熟悉的政治问题发表见解。汪曾祺回忆，1947年他见到巴金时，巴金曾让他给沈从文带口信：埋头写小说吧！（1990年9月与作者的谈话）

沈从文的文章1946年11月在《大公报》发表，第二年2月，林默涵就在《新华日报》上以杂文《"清高"和"寂寞"》予以批判。更集中激烈的批判，在1948年3月香港出版的"大众文艺丛刊第一辑"《文艺的新方向》上展开。这是中共领导的对当时国统区出现的"第三条道路"政治思潮批判的一个组成部分。

在批判沈从文的文章中，最著名的便是郭沫若的杂文《斥反动文艺》。这篇文章集中批判沈从文、朱光潜、萧乾三个"代表人物"。郭沫若在文章中对朱光潜、沈从文、萧乾作了犀利的批评，他用蓝、红、黄、白、黑几种色彩来勾画他们的政治面貌。其中"红"专指沈从文。郭沫若写道：

> 什么是红？我在这儿只想说桃红色的红。作文字上的裸体画，甚至写文字上的春宫，如沈从文的《摘星录》《看云录》，及某些"作家"自鸣得意的新式《金瓶梅》，尽管他们有着怎样的借口，说屈原的《离骚》咏美人香草，索罗门的雅歌也作女体的颂扬，但他们存心不良，意在蛊惑读者，软化人们的斗争情绪，是毫无疑问的。特别是沈从文，他一直是有意识地作为反对派而活动着。在抗战初期全民族对日寇争生死存亡的时候，他高唱着"与抗战无关"论；在抗战后期作家们加强团结、争取民主的时候，他又喊出"反对作家从政"。今天人民正"用革命战争反对反革命战争"，也正是凤凰毁灭自己从火中再生的时候，他又装起一个悲天悯人的面孔，谥之为"民族自杀悲剧"，把全中国的爱国青年学生斥为"比醉人酒徒还难招架的冲撞大群中小猴儿心性的十万道童"，而企图在"报纸副刊"上

进行其和革命"游离"的新第三方面，所谓"第四组织"。(这些话见所作《一种新希望》，登在去年十月二十一日的《益世报》。)这位"看云摘星"的风流小生，你看他的抱负多大，他不是存心要做一个摩登文素臣吗？

郭沫若把沈从文等划归到反人民的文人行列。

> 今天是人民革命势力与反人民的反革命势力作短兵相接的时候，反人民的势力既动员了一切的御用文艺来全面"戡乱"，人民的势力当然有权利来斥责一切的御用文艺为反动。但我们也并不想不分轻重，不论主从，而给以全面的打击。我们今天的主要的对象是蓝色的，黑色的，桃红色的这一批"作家"。他们的文艺政策(伪装白色，利用黄色等包含在内)，文艺理论，文艺作品，我们是要毫不容情地举行大反攻的。

无情的批判。激烈的言辞。一篇会影响他们三人后来命运遭际的文章。沈从文必然要尝到这个苦果。

就在丁玲以胜利者身份即将重返北平的1949年春天，在北平西郊的北京大学校园里，沈从文正遇到历史的讽刺。汪曾祺回忆：

> 一天，北京大学贴出了一期壁报，大字全文抄出了郭沫若的《斥反动文艺》。不知道这是地下党的授意，还是进步学生社团自己干的。……这篇壁报对先生的压力很大，沈先生由神经极度紧张，到患了类似迫害狂的病症(老是怀疑有人监视他，制造一些尖锐声音来刺激他)，直接的原因，就是这张大字壁报。

(《沈从文转业之谜》)

凌宇在《沈从文传》中也写到这一事实:"就在北平和平解放前后,北京大学一部分进步学生,发起了对沈从文的激烈批判。一幅幅大标语从教学楼上挂了下来,上面赫然触目地写着:"打倒新月派、现代评论派、第三条路线的沈从文!""

沈从文的另一个学生马逢华的回忆可以证实,北京大学开始对沈从文的批判,应是在解放军围城时期。除了抄写郭沫若的文章,还有其他批判性壁报。他写道:

> 北平围城的后期,中共的地下工作人员已经半公开地在北京大学展开了活动。住在红楼的人,早晨起来开门,常会有一本小册子从门缝中掉下来,封面往往印的是老舍或周作人的什么作品,打开一看,里面不是《新民主主义论》,就是《目前的形势与我们的任务》,这个沉闷了好久的北大"民主墙"上那些壁报,忽然又热闹起来,并不知道为了什么,有几个壁报集中了火力向沈从文展开攻击。还有一份壁报把郭沫若从前在香港写的辱骂沈从文朱光潜萧乾等人的文章,用大字照抄,有些壁报指责他作品的"落伍意识",有些则痛骂他是一个没有"立场"的"妓女作家"。

(《怀念沈从文教授》,转引自台湾姜穆《"行伍"作家沈从文》)

突如其来的这种阵势,沈从文害怕到了极点。他一生中经历过许多磨难,但眼前发生的情况却是他从未见识过的,他不知道他这片被卷起的枯叶,会飘向何处。他显然更加恐惧在解放军进城之后,自己的未来更加难以预料。

他给在香港的表侄黄永玉的信中这样说过："北京傅作义都已成瓮中之鳖。长安街大树均已锯去以利飞机起落。城，三四日可下，根据过往恩怨，我准备含笑上绞架……"(《转引自黄永玉《这一些忧郁的碎屑》》)

沈从文完全被多疑、恐慌包围。实际情况可能并非如他所预料的那样严重。楼适夷说，当时他和黄永玉都在香港，他知道沈从文害怕将来无路可走后，就要黄永玉写信告诉沈从文：共产党不会对他怎么样。(1990年5月18日与本文作者的谈话)

然而，沈从文精神没有解脱，他逐渐出现汪曾祺所提到的精神失常现象。在家里，站在窗前，望着胡同里来往的人，他会紧张地说："他们来抓我来了。"

他的希望没有完全破灭。张兆和回忆，当时他们谈过，在共产党那里，有一些朋友和学生，他们寄希望于有人会帮他们说话。沈从文历来以非党非派自居，他批评过共产党，但也同样批评过国民党。虽然他与北大校长胡适关系密切，但没有离开北京到台湾去。

解放军进城了。丁玲进城了。

张兆和回忆，他们在得知丁玲回到北平的消息后，非常高兴，沈从文马上前去拜访，处在困境的沈从文，盼望着昔日的友人向他伸出热情的手。然而，这次重逢，却使他们感到失望。

沈从文第一次去看望丁玲，是由十二岁的二儿子虎雏陪同的。

虎雏记得他们是在1949年春天去看望丁玲的，当时还穿着棉衣，因为打仗，学校没有开学，具体时间应是二三月之间。这就是说丁玲重返北平的时间不是1949年7月。

虎雏和父亲来到位于骑河楼的一个大院。铁门前，有解放军士兵在站岗。丁玲穿着灰布军装。在虎雏的印象中，丁玲不像他们预料的那样热情。她显

得冷淡，说话没有老朋友的样子，像是礼节性地接待客人。(1990 年 11 月 16 日与本文作者的谈话)

虎雏写过他对这次父亲与丁玲重逢的印象：

> 谁能负责呢？
>
> 指望谁来解开他心上的结呢？我们都想到了一个人，她在大人的记忆里，在我们兄弟感觉到的印象里，是那样亲近，没有什么事情不能同她商量、向她倾诉，只有她最了解爸爸，能够开导他。爸爸信任她，也在盼着见到这位老朋友。
>
> 终于，得到了丁玲的口信，原来这么近！
>
> 爸爸攥着我的手，一路沉默。我明白他的激动和期待。没几步，到了北池子一个铁门，穿棉军装的门岗亲切地指着二楼。暖融融的房间阳光充足，我看见爸爸绽开的笑脸，带一点迟滞病容……
>
> 回来我一直纳闷，这相隔十二年的老友重逢，一点不像我想的。只如同被一位相识首长客气地接见，难道爸爸妈妈那些美好的回忆，都是幼稚的错觉？那暖融融大房间的冷漠气氛，印在我记忆里永远无法抹去。
>
> （《团聚》）

这次见面之后，张兆和也和沈从文一起去看望过丁玲，张兆和说，本来她预料丁玲见到他们会感到兴奋的，因为自上次北平见面后她与丁玲已有十多年没见面了。张兆和特地带上当年看望幽居南京的丁玲时为丁玲的儿子拍的照片。但她很失望，丁玲拿到照片，没有任何激动或高兴的表示，只是不在意地放在一旁，对他们的求助，也只是淡淡地敷衍几句。

1961年沈从文为北京人民艺术剧院《蔡文姬》剧组提供服装资料

沈从文不再寄希望于朋友能帮他摆脱困境。他只有独自品尝自己种下的苦果。1949年春末,在日渐严重的精神恍惚状态下,一天,他选择了自杀,用小刀割破手臂上的血管。

被救活之后,沈从文仍然没有完全恢复理智,在病房里却认为是被关在监狱里。他有许多困惑,他不理解他的朋友、学生在他需要帮助时,为什么不来看他。他对前来看他的马逢华说过这样一段话:

> 我这个当过多年小兵的乡下人,就算是过去认识不清,落在队伍后面了吧!现在为什么连个归队的机会也没有?我究竟犯了什么罪过?共产党

> 究竟要想怎样处置我？只要他们明白地告诉我，我一定遵命，死无怨言。为什么老是不明不白地让手下人对我冷嘲热讽、谩骂恫吓？共产党里面，也有不少我的朋友，比如丁玲；也有不少我的学生，比如何其芳，要他们来告诉我，共产党对我的意见也好呀！——到现在都不让他们来。
>
> （转引自《"行伍"作家沈从文》）

但陈明否认了丁玲没有去看沈从文的说法。陈明说当时他和丁玲曾一起去看过沈从文：

"大概是在他自杀之前，丁玲和我约何其芳去看他。记得他们住在西单那边。是沈从文写信要丁玲去看他的，丁玲那时还不是作家协会的负责人。

"我们见到他神经很不正常，很紧张，说话也有点语无伦次。他说，今天早上我听到鸡叫，鸡鸣散，我的家就要散了。丁玲告诉他，共产党即使整再多的人，也不会整你的。

"在我看来，那时从公从私，丁玲和沈从文都没有芥蒂。政治上的因素，没有影响他们个人的友谊。"（1990年4月12日与本文作者的谈话）

陈漱渝的文章《干涸的清泉——丁玲与沈从文的分歧所在》中则是说丁玲看望沈从文，是在沈从文自杀之后。他写道，丁玲听说沈从文自杀的消息后，立即和陈明一道去看望。

> 为了使谈话更无拘束，还特约了一位"京派作家"何其芳。丁玲劝他不要疑神疑鬼，自恐自吓，要他把空洞的自大处和过分的自卑处统统抛掉，抛得越快越多越好。临行前，丁玲以二百万元相赠——这在当时不是一个小数目。

老友的关怀和开导使处于精神崩溃边缘的沈从文深受感动。1950年9月8日，他给丁玲写了一封三千余字的长信，主要谈了三个方面的问题。一、大陆解放后，他心中"生存全部失败感占了主位"，感到"什么都完了"。由于"怕中共，怕民盟，怕政治上的术谋"，导致神经失常，"只觉得家庭破灭，生存了无意义"。在这种情况下，他"实在需要得到一点支持，才能够不再崩溃"。二、通过学习，检讨自己，"已深知个人由于用笔离群，生活离群转成个人幻态，涉于公，则多错误看法，近于病态而不健康，涉于私，即为致疯致辱因果"。三、他请求丁玲转告有关方面，希望能得到中共的谅解，安排他从事工艺美术研究，"为将来建设中的人民工艺美术的保存与发扬终生服务"；同时，希望丁玲劝他妻子留在北平工作，留在他的身旁，因为他"目下还能活下去，从挫折中新生"，即因为有妻子和孩子。

我不了解丁玲向有关方面传达沈从文请求的情况，只知道沈从文很快被安排到历史博物馆陈列组工作。

陈漱渝还写到，1952年，沈从文又曾致函丁玲，托她推荐自己的文章去发表，还向她借一百万元。陈漱渝还认为，自1955年丁玲陷入逆境之后，自然无法再关照沈从文了。

张兆和与虎雏说他们当时，或者以后在家中从未见到过丁玲等人来访，如果在他们不在家的时候丁玲来过，那么作为家中的一件大事，其他人应该提到，但他们从不知晓。他们还否认向丁玲借钱的事情，认为根据他们当时的经济状况，不大可能去向别人借钱。他们说，1949年后沈从文与丁玲两家的往来，主要是精神上的，不会是经济上的。沈从文希望的是精神上的安慰，而不是别的。至于沈从文希望丁玲帮忙联系安排从事工艺美术研究一事，他

1972年沈从文夫妇在湖北咸宁文化部五七干校

1972年沈虎雏来到五七干校探望父母

们也认为不大可能，因为在1950年9月8日给丁玲写信之前，沈从文已经到历史博物馆工作了一年了。(1990年11月16日与本文作者的谈话)

但是，沈从文此次写信时，正离开历史博物馆在革命大学学习。所以有可能向丁玲求助，以免重新分配时调离历史博物馆。

在以后的岁月里，他们依然维持着脆弱的联系。时光变迁，昔日的岁月不再重返，他们因为各自的志趣和选择而不会再产生友好的情意。在未来的生活里，他们将分别走自己的路。

康濯提到过一件往事："解放以后，组织上派丁玲去看沈从文，动员他不要在历史博物馆。丁玲拉严文井一起去，谈了很深很久。沈从文说考虑后再定。后来沈从文写了一封信给丁玲，说他没法写，写不出来，还是搞历史研究。"(1989年12月15日与本文作者的谈话)

严文井回忆，他记不得有康濯所说的这件事。他说，他早在30年代就认识了沈从文，所以去看沈从文，并不需要别人带着去。他分析，从1949年到丁玲开始跌入逆境的1955年，几乎每年文化界都有运动，这段时间，不可能

1957年5月1日《人民日报》发表《中国共产党中央委员会关于整风运动的指示》

1957年8月，《人民日报》《文艺报》相继在头版刊发批判"丁、陈反党集团"的文章

想到让沈从文出来搞创作。1957年后沈从文参加了一些文艺界的活动，但那时丁玲已经被打成右派了，自顾不暇，怎么会去动员沈从文重新拿起笔呢？（1990年4月16日与本文作者的谈话）

1955年，"肃反"的政治风云把一直处于顺境的丁玲，一下子推进了逆境。昔日的功劳、荣耀，顿时化为云烟散去。她不再是受人尊敬的革命作家，而是被定为"反党集团"的成员。1957年更大规模的反右运动，又把她和冯雪峰并列，打成"丁玲冯雪峰反党集团"。她被开除党籍，撤销一切职务，丈夫陈明也同遭厄运，都成了"右派分子"。

被自己所钟爱、所为之奋斗的事业抛弃，丁玲是痛苦的，她纵然有对党对革命的真诚情感，纵然清醒地认为自己是蒙受冤屈，但她也不能一时间改变她的命运。她的作品，会一次次被人们拿出来批判，她的名字会久久地蒙上污垢弃之一旁，就如同沈从文曾经遭遇过的情形一样。她不再属于这个时代，她只能默默地坚守信念，在远离城市的北大荒劳动。

1956年夏，丁玲在颐和园云松巢写申辩材料

1958年2月陈明赴北大荒农场前，与丁玲在多福巷寓所合影

北京秦城监狱。1970年4月，丁玲、陈明分别被北京军管会逮捕，关押此处

沈从文在经历过灵魂的洗涤之后，已经摆脱困惑，获得了对人生的重新认识。他自觉地泯灭了对文学的热情，转而迷恋古文物，在中国历史博物馆、故宫博物院的高墙大院里与沉寂的生命相伴，为祖国发掘文化遗产。

世事沧桑。两个人，从不同的路走到这个时代，又以各自的生活方式、生命寄托，继续走着他们的路。从表面形态而言，他们后来的生活已经相似，他们都被迫离开钟爱的事业，都被人遗忘，但他们内心的距离却依然遥远。现在，他们互相都不再需要对方的任何帮助，也永远不会如亲密朋友一样往来了。

陈漱渝说，丁玲在陷入逆境的二十多年间，"生活相对安定的沈从文似乎也并没有在精神和物质上给沦为流囚的老友以些微的帮助"。其实，对于丁玲，即使她蒙受冤屈，她也不会将自己视为同沈从文一样的"天涯沦落人"。

林斤澜回忆他在20世纪60年代经历过的一件往事，那是在1960年召开的第三次文代会期间。林斤澜说这是"反右"之后中国文艺界遇到的一次短暂的"小阳春"，周恩来、陈毅等对文艺问题先后作了基调和缓的报告。这次文代会上，被打成右派放逐北大荒的丁玲，出人意外地受到邀请，回到北京参加会议。打成右派之后，她的中国作协理事一职仍然保留着。

会议期间，中国作协在东单总布胡同的一个四合院里举行过一次作家联谊会，林斤澜在会场上同时看到了沈从文和丁玲。在这之前，林斤澜通过汪曾祺早已认识了沈从文，与丁玲则不熟悉。

林斤澜看到，仍然身处逆境的丁玲，在昔日熟悉的京城文学界人群中，显得孤单寂寞，无论她的同辈人或年轻人，似乎心里都罩着政治阴影，不敢或不愿意与她交谈。在他的印象里，只有老舍在休息时与丁玲寒暄过。好像为了避免节外生枝的麻烦，寒暄时老舍特地提高声调，询问丁玲的身体如何、北大荒的气候冷否。

林斤澜看到，对于老舍这样简单的问候，丁玲感到异样的兴奋，脸上溢出了笑容。这毕竟是珍贵的问候。

在会场上，沈从文无例外地同他在许多场合一样，悄悄地坐在一个角落。既没有发言，也没有与丁玲寒暄。但在联谊会结束后，在总布胡同附近的一个公共汽车站上，林斤澜却意外地见到了沈从文与丁玲见面的情景。

散会之后，丁玲去车站等车，这时沈从文急急忙忙地赶来。林斤澜不便站得太近，只是在一旁看着。他以一个小说家特有的细节和敏感，回忆他所看见的情景。

沈从文脸带笑容，在热情地谈着什么，一直看着丁玲，显然表露出一种关切。是询问北大荒的生活？是邀请丁玲前往家中一叙？（沈从文的家就在附近）……详情无法得知，但可以断定是沈从文关心着丁玲的近况。丁玲此刻没有丝毫老舍同她寒暄时的兴奋，始终板着面孔，而且不大愿意和沈从文交谈。眼睛不时望着别处。

后来，沈从文一个人离开车站，走回家去。

在沈从文与丁玲的交往中，这只是一个极小的细节，但似乎仍能反映出他们在当时那种情形下的某种心态。他们的谈话内容无法知晓，但从此时的具体环境来看，沈从文出于关心而询问一些情况的可能性极大。林斤澜揣测，沈从文的谈话至少有这样三个内容：询问丁玲的北大荒生活；邀请她到家中坐坐；打听好她在北京的住处以便同夫人前去探望。

丁玲在沈从文面前表现出的冷漠态度，足以说明丁玲自觉到他们之间存在着矛盾，不管沈从文自己是否有同样的感觉。丁玲之所以这样，大概可以有这样的解释：她和沈从文的确有个人之间的纠葛，她不愿意再理睬沈从文。或者，尽管没有直接的个人矛盾，但在丁玲看来，她尽管被打成右派，但她和曾被认为是"反动文人"的沈从文还是有根本区别。对来自过去同志间的问候，她会感到兴奋，但对沈从文，则另当别论。她显然有着清醒的意识，不屑于同自己阵营之外的人表现出亲切，虽然她还在落难时。

这是两位昔日友人在特殊时代的一次重逢。但它只是一片落叶，没有生机，没有绿色的喜悦，仅仅点染出暮秋的萧瑟。

这是他们在中国发生更大历史动荡前的最后一次见面，在随后到来的"文化大革命"中，各自的命运会遭到不同改变。沈从文被迫放下古代服饰研究工作，在湖北农村干校里劳动。丁玲受到的磨难则更为严重。自"文革"一开始，她就理所当然地成为"革命"的对象，1970年夫妇俩又被送进了北京的监狱。

受难的人们，不管他们之间有着多么大的分歧，但对未来的愿望会是一样的，那就是磨难终会结束，祖国的春天会再一次温暖他们的心。

十五 / 劫后重逢忽起波折

悠长的等待，难耐的磨难，终于在 1978 年结束。

丁玲的"右派帽子"在这一年被摘去，这时，她和陈明还在山西长治农村的一个小村庄里接受劳动改造。几年北大荒，几年北京监狱，几年穷困山村，她二十余年的宝贵时光，就这样在沉默中流逝得无影无踪。但生命的又一个春天，带给她创造新的未来的激情。1979 年 3 月，她的《牛棚小品》公开发表，在文坛销声匿迹多年的名字，又重与世人见面。

沈从文继续开始他对古代文物的研究。他的工作，逐步引起人们的重视。多年来遭受的冷漠，也开始解冻，他的价值渐渐显露出光泽。但他依然顽固地坚守着他的堡垒，把文学摈弃门外。他早已经过了人生大的转折，尽管现在他可以坦然地如同所有作家一样重操旧业，可他的生命之河已经流向另一个弯道，他迷恋业已与生命为伴的文物研究，在寂寞的事业里自有他的乐趣。

一场噩梦，一场浩劫，留给他们的只有短暂的时光。人的生命，耀眼的光芒和灰暗的阴影，都已经在历史无情的流逝中成为过去，成为记忆中永远无法抹去也永远无法重温的幻影。

20世纪70年代中期,沈从文在北京东堂子胡同家中

    他们几乎与世纪同龄,当浩劫过去,纵然仍萌生青春一样的热情和希望,但时光匆匆,衰老毕竟无法抗拒。也许,他们愿意做出一两件雄心勃勃的壮举,但历史的时钟旋转得如此之快,他们创造新的未来的热情,最终会转而成为对往事的凝眸沉思。当然,这沉思本身不会仅仅是怀旧性的,对未来它也能具有一些启迪。

    老人往往会如此。虽然丁玲与沈从文在许多地方有着显著的差别,但历史留给她的也同样是欢乐与痛苦交织一起的体验。

    近些年发生的一切,他们很难一一理出头绪。与他们有关的人和事的无规律的变迁,留给人们有着复杂的说不清是悲剧是喜剧是讽刺是幽默的意味。这些,只有让后人去梳理,去挖掘,去品味。

    二十年来,此起彼伏的政治、文化运动,他们各自熟悉的人,朋友或论敌,

"文革"结束后,朱光潜(左)、沈从文这两位在1948年曾受到郭沫若抨击的老人坐到了一起

几乎无一幸免地在旋涡里沉浮。无论当年批判过沈从文的左翼文艺人士,或是1955年、1957年将丁玲置于逆境的文艺界领导人,他们同沈从文、丁玲一样,也受到过政治风云的冲击。或在五七干校里成为同沈从文相似的劳动者,或在监狱里与丁玲同时尝到铁窗的滋味。

如今,一切都成为过去,衰老已不可能使他们为未来而忧虑。他们都走过一段曲折的路,终于在1978年的冬日迎来一个难得的春天。不同遭遇的人,不同见解的人,相互矛盾重重的人,在那个春天,可以将灵魂赤裸裸地沐浴在阳光下,贪婪地呼吸自由清新的空气。恩恩怨怨,且让它烟消云散。

沈从文与丁玲,就在这样一个特殊的日子,在北京重逢。

张兆和回忆,他们与丁玲劫后的第一次见面是1979年在北京友谊宾馆的餐厅里。大概是在春天。

陈明回忆当时重逢的情况："1979年初，我们回到北京，丁玲得到批准回京治病。当时我们住在文化部招待所。有一天晚上，我们到友谊宾馆吃饭，在餐厅里发现了沈从文夫妇。我们连忙去热情打招呼，许多年没有见了，大家都很兴奋。"(1990年4月12日与本文作者的谈话)

张兆和说："记得那时沈从文正在友谊宾馆修改《中国古代服饰研究》，或者是开一个有关的会。一天晚上吃饭时，一个人过来问在座的是不是有沈从文，丁玲同志想见见。我们一听非常意外地高兴，转身一看，丁玲就坐在离我们不远的一个地方。我们高兴地谈了谈，打听了她的住处。后来，我们还特地去看过他们。"(1989年10月与本文作者的谈话)

这次重逢，虽然各自感到一些兴奋，但多年的距离，已使他们不可能再像几十年前那样密切。他们都有自己的事业要投入，都有属于自己的生活，不会去回忆相互有关的往事了。这是一次平静的重逢。人的晚年，需要平静，一生风风雨雨，应该在一个开始稳定的时代，不再让任何风波冲击业已破损的人生风帆。

然而，波折突起，打破了重逢时的平静。两个老朋友多年前已经淡薄了的友谊，终于破裂，而且破裂得如此彻底，如此不可思议，留给人们如此深的遗憾。

这是在1980年的春天。

像往常一样，吃过晚饭，沈从文便走出房门，在住地的院子里散步。这是北京东城的一个大杂院，居住着一批文化人。院子里很杂乱，但在天色黯淡时候，人们大多待在家中，这院子便显得几分安静。每逢这个时候，沈从文就会独自一人，背着手，在树与树之间慢悠悠地踱来踱去，沉浸在对人生、对艺术的品味中。即使是在3月，北京还带着寒意的暮色里。

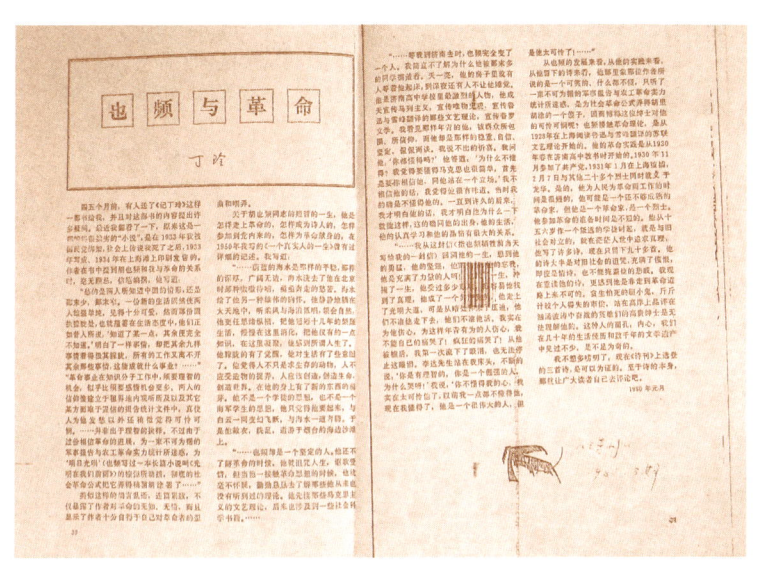

丁玲在《诗刊》上发表的《也频与革命》

这些年来,他总是在寂寞中思索,在寂寞中消磨时光。对于他,寂寞是一种平静,也是一种幸福。

今天,他却没有往常的平静,他不能不为刚刚得知的事情而苦恼,且有一种悲哀之感。表侄——画家黄永玉给他送来一本《诗刊》1980年3月号,昔日挚友丁玲的文章,出人意外地把将近五十年前的往事,以令沈从文不愉快的方式公开在人们面前。

在这期《诗刊》上,丁玲发表了纪念胡也频的文章《也频与革命》。从文章中,沈从文看到了丁玲对他将近五十年前创作的《记丁玲》的严厉批评:

> 四五个月前,有人送了《记丁玲》这样一部书给我,并且对这部书的内容提出许多疑问。最近我翻看了一下,原来这是一部编得很拙劣的"小说",是在1933年我被国民党绑架,社会上传说我死了之后,1933年写成、

> 1934年在上海滩上印刷发售的。作者在书中提到胡也频和我与革命的关系时，毫无顾忌，信笔编撰，……
>
> 　　类似这样的胡言乱语，连篇累牍，不仅暴露了作者对革命的无知、无情，而且显示了作者十分自得于自己对革命者的歪曲和嘲弄。
>
> 　　……
>
> 　　贪生怕死的胆小鬼，斤斤计较个人得失的市侩，站在高岸上品评在汹涌波涛中奋战的英雄们的高贵绅士是无法理解他的。这种人的面孔、内心，我们在几十年的生活经历和数千年的文学遗产中见过不少，是不足为奇的。

沈从文不相信在长达半个世纪的时间里，丁玲从未看过他这部当年轰动一时的作品，只是几个月前才第一次知道；他很纳闷，作为过去的朋友，丁玲为什么，又有什么必要在80年代的今天说出如此激烈的言语；他更疑惑，自己究竟在什么时候什么方面，引起了丁玲的气愤。

施蛰存也不相信丁玲过去从未看过《记丁玲》。他说："不过，我不相信丁玲到80年代才见到从文此书，她在南京时，肯定已见到了。早有人传言，丁玲对从文不满。"（1990年11月15日致本文作者信）

陈明回忆丁玲看《记丁玲》的经过：

"1979年丁玲回到北京，做过乳腺癌手术之后，住在友谊宾馆。那里的外国人很多，有些人来找丁玲，其中有一对研究中国文学的日本汉学家中岛夫妇。他们带着两本香港新出版的《记丁玲》，向丁玲提出一些他不解的问题。后来，他将这两本书送给了我们。这是丁玲第一次看到这本书。

"开始丁玲还没有心思翻阅，后来越看越生气，她认为有些东西是胡编乱造的。有人建议她写文章辟谣，丁玲说，我在政治上背了许多黑锅也没有

1979年5月，丁玲登门拜访叶圣陶

辟谣，沈从文说生活上的黑锅，我看就不必辟谣了。

"还有人建议丁玲写文章在海外发表，丁玲不同意。她还想到沈从文的年纪这么大了，怕他受不了，就算了。

"就在这段时间，丁玲陆陆续续在书上做眉批，她还曾对我说过：'我最讨厌拿他的眼光和趣味看生活，还有他对左翼文艺的嘲笑。人家都死了，他还嘲笑。'在写《也频与革命》前后，在山西大学任教的一个美国学者来访问丁玲，随同的还有翻译彭阜明和中文系的党总支书记。他们谈到了沈从文和斯诺夫人关于丁玲的叙述。丁玲说，斯诺夫人是好心，但她是外国人的趣味，而且当时她们的谈话是通过翻译，难免有不确切的地方。不过在革命这一点上，斯诺夫人和自己是一致的。"

正在这时，《诗刊》的编辑前来约稿。

当事人之一周良沛回忆：

1980年，《诗刊》由大三十二开改为十六开本。内容、版面都要有新貌。当时值班的负责人获帆来约稿，我正在编《胡也频诗稿》，久未写诗，他就托我从编稿中选出几首诗来,再请丁玲同志写篇文章一起发。

……

不想,丁玲同志没有答应这件事,理由是,她不懂诗,写不了谈诗的文章。因为《诗刊》只是要篇纪念性的短文,既可谈诗,也可以由作者选择任何角度写胡也频。这样商量了一阵,她也总算答应了下来。因为胡也频的忌辰是二月七日,《诗刊》就确定这组稿三月头见刊。可是,这时该期的稿子有一半下厂了,而她的稿子还没动笔。于是,荻帆同志电话上催,也要我当面催一下。可是,她几次问我:"写什么呢?"看来,她还确实把这当件事在考虑。

(《也谈所谓的丁、沈"文坛公案"》——与周健强先生商榷)

另一个当事人邵燕祥说:

向丁玲约稿时,我是随同三位主编即《诗刊》主编严辰、副主编邹荻帆、柯岩一起去的(当时我是编辑部主任),约丁玲写一篇谈胡也频的文章,她答应了。当时在场的还有陈明和张凤珠。那是我惟一一次到木樨地丁家去。后来丁写成后可能是寄交严辰(因严辰、逯斐夫妇与丁玲关系较深,延安时同在"文抗",胜利后在张家口逯斐与丁、陈明同写剧本《望乡台畔》,五五年逯又因丁案牵连受处分)。稿子转到我手,由我编发。记得我和严辰、荻帆之间谈过此稿涉及沈从文,颇与我们介绍胡也频初衷相悖,但都无可奈何。

(1990年3月4日致本文作者信)

除了《也频与革命》，丁玲还在其他文章里和一些场合或多或少地对沈从文也作了批评。

在另一篇关于胡也频的文章中她写道："他曾是一个金铺学徒，有劳动人民的气质。他不像有些绅士，或准绅士戴着有色眼镜看世界，把世界全看偏了，卖弄着说点有趣的话，把才能全表现在编纂故事上。甚至不惜造点小谣，以假乱真，或者张冠李戴，似是而非，哗众取宠。……他不是在革命高潮的时候涌上浪头，但却在革命暂时处于低潮的时候，提着脑袋迎上去的，决不后退。难道这是盲目的吗？难道这应该被讽刺为简单无知吗？"（《胡也频》）

1983年4月18日，丁玲访问巴黎，在接受采访时，丁玲谈到沈从文：

> 他写的那本《记丁玲》全是谎言，是小说，着重在趣味性。不错，他曾陪我把孩子送回湖南，因为那时没别的人选，只有他陪着最安全。
>
> （转引自姜穆《沈从文的性格与婚姻》）

面对丁玲的尖锐批评、指责，沈从文感到惊讶。他不解，他困惑，继而气愤。熟悉他的朋友知道，他在许多时候是一个极为忠厚宽容的人，可是此刻，在丁玲的这件事情上，他却表现出很少有过的激烈。

他不解，这些年来，对丁玲的身心打击最厉害的并不是他，而是另外一些仍然活着的人。自己即使与她有过什么不快，但与政治折磨和冤屈相比，个人纠葛如何也是不值一提的，更不值得如此大动干戈。

这种烦恼和困惑折磨着沈从文本来平静如水的心境。

自从得知这篇文章的那个日子之后，尽管在许多人的面前，沈从文依然显得平静和从容，可是，在熟悉的亲友面前，他却无法掩饰他由此事引起的怨气。在当年7月写给老友、作家徐迟的信中，沈从文毫无保留地宣泄出他的怨气。他写道：

> 当然还有"反面"的，也值得欣赏，即《诗刊》三月份上中国"最伟大女作家"骂我的文章，不仅出人意外，也为我料想不到。真像过去鲁迅所说"冷不防从背后杀来一刀"，狠得可怕！乍一看来，用心极深，措辞极险。但是略加分析，则使人发笑，特别是有人问及她这篇文章用意时，她支吾其词，答非所问，无从正面作出回答。她廿年来受的委屈，来自何方，难道自己不明明白白？嚷也不敢嚷一声，自有难言苦衷。却找我来出气，可见聪明过人处。主要是我无权无势，且明白我的性格，绝对不会和她争是非。自以为这一着够得上"聪明绝顶"，事实上，卅年代活着的熟人还多着，（即或过去和我不熟，也骂过我，但从近卅年种种印象，都会明白这文章用意的。）我对他们夫妇已够朋友了，在他们困难中，总算尽了我能尽的力，而当她十分得意那几年，却从不依赖她谋过一官半职。几几乎所有老同行、旧同事，都在新社会日子过得十分热闹时，我却不声不响在博物馆不折不扣作了整十年"说明员"。所有书全烧尽了，也认为十分平常，并不妨碍我对新工作丧失信心，更不曾影响我对国家的热爱。在她因内部矛盾受排挤时，都是充满同情。到明白转过山西临汾时，还托熟人致意。可料想不到，为了恢复她的"天下第一"地位，却别出心裁，用老朋友来"开刀祭旗"，似乎以为如此一来，我就真正成了"市侩"，也就再无别的人提出不同意见……

除了此信，沈从文在给其他人的信中，以及相应的场合，都私下表现出对丁玲这篇文章的强烈不满。但是，他没有将自己的意见公开发表，像过去许多时候一样，对他人的批评或指责，他很少出面论争。聂绀弩回忆过一件往事。20世纪40年代，他看到一篇文章的观点和沈从文的差不多，就以为是沈从文所写，便写文章骂沈从文，后来才知道并不是沈从文的文章，聂绀弩这样说："他这个人也有意思，你骂你的，他干他的，骂对了不作声，骂错了也不作声。"

这次同样如此，除了在极小范围里宣泄他的不满，沈从文默默地忍受指责，明知许多读者会相信那篇文章而对《记丁玲》的作者产生误会。吴泰昌记述过当时经历的一件往事：

> 1980年，一天上午，当时的《诗刊》编辑部主任邵燕祥来电话给我，我顺便谈起马上要去看沈老。燕祥说，正好，请你转告沈老，《诗刊》最近发表了一篇文章，其中她谈到沈老解放前写的《记丁玲》一书，不真实等等（至今我还不曾拜读过这篇文章），他说，他们已听到一些反映，请我代他们作点解释。沈老有不同意见请写文章给《诗刊》。我见到沈老，就转告了燕祥的口信。我估计沈老和兆和已看过这篇文章了。沈老沉默不语神情严肃，严肃中带有几分压抑。这是我从来没见过的。兆和在一旁连忙激动地说："没有什么好说，没有什么好写。"在这压抑的氛围里，我坐了十分钟。到我自己也感到压抑时，我忘了礼貌，也忘了谈事先想请教的问题，突然起身开门离去。
>
> （《紧含眼中的泪》）

当时担任《诗刊》编辑部主任的邵燕祥证实了此事。他说自己为发表了丁玲的《也频与革命》而感到对不起沈从文。他说："丁文发出后，我觉得没

20 世纪 70 年代沈从文在工作

法向沈先生交代,每月我亲自给沈先生寄赠《诗刊》,那一期竟犹疑推迟了一段时间。后来正巧一次路遇吴泰昌,他说要去沈先生处,我便托他转致口讯,请沈先生谅解,并冒着胆子说沈先生不妨写点什么(我不敢保证沈先生如来稿能否发出,但我想有丁文在前,沈来辩诬当可争取发表)。"(1990 年 3 月 4 日致本文作者信)

就这样,沈从文没有写出文章为自己辩护。一年,两年,八年,一直到他 1988 年去世,在这件事情上他和丁玲的尖锐矛盾,从未公之于世,尽管丁玲在他之前的 1985 年就已逝世。

黄永玉在沈从文死后这样说过他的表叔:"一辈子善良得不近人情,即使蒙恩的男女对他反噬,倒是从不想到报复。这原因并非强大的自信,也不是

没有还击的力量,只不过把聪明才智和光阴浪费在这上面,早就不是他的工作习惯。"(《这一些忧郁的碎屑》)

彻底的破裂不可避免地发生在他们之间。自沈从文看到丁玲的文章之后,他们的来往完全终止,只是偶尔在公众场合见上一面。到后来,沈从文说他是尽量回避丁玲,不同她出现在同一地方。

在一次接待南斯拉夫作家代表团的宴会上,他们相遇了。沈从文说,丁玲在会上特地来找过他,邀请他和她同桌吃饭。但是,沈从文躲开了。只是在宴会结束时,沈从文才和丁玲握手告别。之所以如此,沈从文说:"人家已经在《诗刊》上骂过我是'市侩''胆小鬼'了,我怎么能跟一个骂过我的人同桌吃饭呢?但是面子上我还是照顾她了。"(转引自周健强《记沈老给我信的前后》)

自这次宴会后,沈从文与丁玲不再相见了。有一次旅居海外的凌叔华来到北京,有关方面宴请招待。凌叔华提出请两位30年代的老朋友沈从文、丁玲作陪。沈从文得知有丁玲参加,就婉言谢绝。后来凌叔华只好单独前去拜访沈从文。

人们很遗憾,两位现代文学中的杰出人物,两位都来自湘西的作家和友人,在他们生命的暮年,却产生如此大的矛盾。他们用各自的才华创作了辉煌的作品,他们把自己的人生脚印深深地留在中国的历史上,他们都属于中国的过去和未来。人们会不断地研究他们,从他们的作品以及人生历程中领悟生命的内容和意义。同样,他们晚年的这一风波,也会引起人们的极大疑惑和兴趣。他们用丰富的作品,也用丰富的生活,在人们面前铺开了一片又一片新奇的天地。

十六／沧桑永无终结

中国文坛两个重要的日子：

1985年3月4日，丁玲逝世。

1988年5月10日，沈从文逝世。

两个生命消失了。快乐和痛苦，友谊和矛盾，等等，一切都随着生命的消失而化为云烟。

他们去世时，似乎都有一种超然于尘世的淡泊。接近他们的人，都不约而同地或强调他们逝世前的遗言，或强调葬礼的朴素无华，借此来渲染这种希望摆脱人世间烦恼的境界。

陈漱渝写到丁玲逝世前近乎佛家的心态：

> 这位彻底的唯物主义者在弥留之际写下的最后一行字却是："你们大家高兴吧，我肯定能成佛。"直到神志不清时，她还清晰地一字一顿地对秘书说："我早成佛了。"
>
> （《干涸的清泉——丁玲与沈从文的分歧所在》）

张兆和这样说逝世后的沈从文："火化前他像熟睡一般，非常平静，看样子他明白自己一生在大风大浪中已尽了自己的责任，清清白白，无愧于心。"（转引自巴金《怀念从文》）

特地从上海赶到北京参加沈从文葬礼的李小林，向父亲巴金描述了葬礼的场面。巴金用他朴质无华的语言记述下来：

> 她告诉我她从未参加过这样感动人的告别仪式。她说没有达官贵人，告别的只是些亲朋好友。厅子里播放死者生前喜爱的乐曲。老人躺在那里，十分平静，仿佛在沉睡，周围几篮鲜花，几盆绿树。每个人手中拿一朵月季，走到老人跟前，行了礼，将花放在他身边。没有哭泣没有呼唤，也没有噪音惊醒他。人们就这样安静地跟他告别，他就这样坦然地远去。小林说不出这是一种什么规格的告别仪式，她只感觉到庄严和真诚。我说正是这样，他走得没有牵挂、没有遗憾，从容地消失在鲜花和绿树丛中。
>
> （《怀念从文》）

八十多年的人生旅途，多少奋斗的艰辛和喜悦，多少珍贵的记忆和遗产，多少生命的磨难和无谓的浪费。在生命即将走到终点之际，荣耀、屈辱、等等一切，仿佛一下子失去了原有的意义。经历了太多的喧闹、波折，他们同许多老人一样，都需要在静谧之中告别这个世界。

他们去了。然而，因他们而开始的一切没有结束，他们之间的恩怨沧桑，留给后人永远说不尽的话题。

陈漱渝谈到人们议论"沈、丁公案"的事情时，说过这样的话：

丁玲与雕塑《丁玲印象》
(张德蒂塑)

  然而，幸而在莽莽红尘中的好事的人们却无法像已故者那样超然。由于立场、观点、情感的差异以及种种复杂错综的社会关系，他们不仅对于活人的是非功过争论不休，而且对于判断死者生前的恩怨也仍然有着不疲倦的兴趣。

(《干涸的清泉——丁玲与沈从文的分歧所在》)

  生活就是这样无情。名人的灵魂，永远不能摆脱尘世间的骚扰。他们编织了一个个人生故事，后人们就会根据各种情形或各种需要，以各种方式、从各种角度来一遍遍地叙述。如果，这些故事充满着谜，那么，人们就会试图一层层揭开谜底，哪怕永远也不会有谜底。

对于期望获得灵魂宁静的丁玲、沈从文，这是幸还是不幸？假如说他们生前真想达到一种超然，那又何必不在晚年保持对往事的宽容大度，特别是丁玲，又何必在沉寂二十年后对一个并非敌手的昔日朋友大加贬斥？

他们超然与否，业已形成的一切，都不能不使后人将好奇但又并非无聊的目光注视在他们的往事。人们谈论它，不仅仅着眼于对名人私生活的趣味，而是希望更准确更全面地理解他们。

其实，希望超然者，未必真能超然；希望宁静者，也未必真能获得宁静。

沈从文与丁玲晚年的矛盾波折，在沈从文逝世之后不久便开始为人们所提及，并且逐渐成为文坛一个引起人们兴趣的热点。随着各类文章的发表，沈、丁晚年之争的缘由，他们各自指责对方的详情，陆续公之于世。

1988年10月，凌宇的《沈从文传》出版，他第一次以较大篇幅集中叙述了沈、丁的恩怨。根据自己的研究，他认为丁玲对沈从文的贬斥有很多偏颇。

1989年1月，徐迟在武汉《长江文艺》第一期上，公开了沈从文1980年写给他的信，使人们第一次得知沈从文对丁玲文章的态度。这封信很快经《新华文摘》转发，流传更广。

同年2月，邵燕祥在北京《散文世界》第二期上发表纪念沈从文的文章，其中也谈到有关丁玲文章的事情。他作为受过沈从文教诲的学生，将自己因为与发表这篇文章有关而感到的惭愧之情公开表露出来。

同年8月，《散文世界》第八期发表沈从文1982年1月致周健强的信，同时，周健强专门发表长文《记沈老给我信的前后》。周健强为北京一家出版社的编辑，她将沈从文当年对她所讲述的与丁玲有关内容详细记录下来。

1981年2月沈从文在美国斯坦福大学

  1990年4月21日,《文艺报》发表周良沛的文章《也谈所谓的丁、沈"文坛公案"——与周健强先生商榷》,对周健强予以批评。同年10月,《人物》第五期发表陈漱渝的《干涸的清泉——丁玲与沈从文的分歧所在》,文中引用了丁玲在《记丁玲》上所做的一些批语。另外,在春天上海举行的纪念左联成立50周年座谈会上,陈漱渝也曾在发言中谈到同一问题。

  同年,李辉分别发表《与巴金谈沈从文》(《随笔》1990年第五期)、《湘西原本多侠气——沈从文的〈记胡也频〉与〈记丁玲〉》),则是取与陈漱渝等人不同的见解。

  一个个"好事者",不管情愿与否,相继闯入了文坛的纠纷。主人公业已作古,他们的故事却依然在研究者的笔下,在知情人的记忆中继续发展。

这是不会终结的恩怨沧桑。现在和未来的人们，如果他怀着浓厚的兴趣，那么，他就会再度将历史演绎，不管会有多少疑团因找不出结论而感到困惑。

人们无法做出定论，因为两个主人公在很多问题上的见解截然相反，对往事的回忆也常常各持一端。观点不同的"好事者"，也许因此而要无休止地争辩下去。

对丁玲为什么痛骂自己，沈从文认为主要有两点，一是他对丁玲"举得不够高"，二是他写出了丁玲所不喜欢的事情，即描写了她与冯达的同居。他在给徐迟的信中说：

> ……方明白主要罪过是我不该提及对于现今还活在台湾一个人的"怀疑"，对于她也"举得不够高"。其实我当时既明白内中还有个"立三路线"复杂而秘密的问题，是某些人最担心到的问题，我还记得人十分亲切的提及立三立三，而后来却成为最大忌讳。这也是近几年才懂得点滴的。至于举得"不够高"，事实上看来，我倒是把她举得过高，而由后来发展看，"降下"的却不应由我负责了，只宜由她本人行为负责。

陈漱渝则根据他认真阅读丁玲在书上所做的批语，认为丁玲对《记丁玲》的不满主要有四点原因：

> 一、书中把丁玲跟胡也频的结合写成是出于单纯的肉欲，并用隐晦的笔触在丁玲的私生活上蒙上了一层桃色。比如说丁玲渴求的是"一张男性的嘴唇同两条臂膀"；受"肉体与情魔"一类影片影响，神往于英俊挺拔骑士风度的青年，然而胡也频却相貌平常，苦学生模样，"能供给她的只

1985年巴金（中）从上海到北京看望沈从文夫妇

是一个年青人的身体"。书中还虚构史实，说丁玲、王剑虹曾跟瞿秋白兄弟及施存统五人同住过一阵。这些描写使丁玲的人格蒙受了极大侮辱，名誉受到了长期伤害。

二、书中把胡也频写成是既无文学才能又无革命理智的人，"有的只是较才识三倍以上的热情"。事实上，胡也频早在跟丁玲结合之前就已经发表作品了，但书中却说胡也频的小说发表前常需丁玲修正，"必署丁玲的名，方能卖出"。对于胡也频的转变，沈从文认为"只是一种南方人单纯勇往的热情，并非出于理智的抉择"，是受了革命宣传的欺骗与迷惑。对烈士的这种歪曲，丁玲在感情上当然无法接受。

三、书中对左联及整个左翼文艺运动进行了否定、攻击和嘲笑。说什么左翼文学已经"过时"，是"博注上的冷门，无人关心过问"；甚至说成立左联反映的是"一二文人负隅固守的梦想，所谓左联文学运动也将转入空泛与公式情形中，毫无乐观希望可言"。丁玲对沈从文的这种态度最为反感，觉得这些文字除了表现出沈从文"对政治的无知，懦弱，市侩心理而外，没有别的"。

四、丁玲在眉批中指出多处失实，如把她父亲写成随意赠人马匹的傻子，把不爱说话的胡也频写成最喜欢在别人说话时插话，把外文程度根本达不到翻译要求的她跟胡也频写成准备着手翻译《茶花女》《人心》和《父与子》，把鄙薄邵洵美的丁玲写成从邵先生那里借了一笔钱。书中援引胡也频从狱中写给沈从文的短简丁玲也认为是编造的，因为从内容到落款都有漏洞。

（《关于左联的联想》）

四条原因，究竟哪方面最为重要？究竟哪些文字刺痛丁玲的心，促使她写出贬斥沈从文的文章？是政治方面，还是个人恩怨方面？

沈从文批评左联和他对胡也频参加社会活动的态度，丁玲当年就完全清楚，不会是在几十年后才从书中得知。另外，在二十多年的生活中，她蒙受冤屈，人们对她政治方面的指责、鞭挞的文章难以统计。劫后新生，完全可以对历史做深刻的反思，也可以理直气壮地反驳20世纪50年代抛在她身上的各种论调。然而，她刚刚平反，第一篇批评性文章却是指向了沈从文——一个沉默多年的文人，一个旧时的朋友。难怪沈从文会感到气愤。

周良沛这样解释丁玲如此做的原因：

她晚年，是把自己的政治节操放在一切之上的，这和她的倾向、信仰，以至于时代造就她很政治化的一面有关，也确实是对这几十年间有人老想从政治下手，把她置于死地，又为中央给她平反设置障碍的最敏感、最直接的情绪反映。于是，在她看到《记丁玲》中对她的理想、信仰和对左翼、普罗文学的诸多类似以上的那种评论时，其情绪，也就跟当时（知道）有人还从台报港刊上搜集她软禁南京时的材料作枪炮一样。

（《也谈所谓的丁、沈"文坛公案"——与周强健先生商榷》）

这种解释有一定道理，但并不能完全说明症结所在。如果是为了洗刷政治污水，那就没有必要从《记丁玲》着手。从丁玲对沈从文的批评来看，沈从文的问题在于以市侩目光看待她和胡也频所热爱的左翼文艺事业。这就是说，沈从文真实描写了他们的革命工作，只是所持观点她不能赞同。除此之外，沈从文并没有写能够构成她政治"罪名"的任何事情，相反，从丁玲所需要的角度，沈从文的不解和异议，恰恰可以增添她的光辉，成为反驳他人的重要历史资料。

那么，丁玲从政治方面批评沈从文，只能有另外的解释：她批评沈从文对左翼文艺的政治态度，是要向世人证明她鲜明的政治立场，表明她始终站在革命事业一边。这样，那些年对她的诬陷就不攻自破。

这的确是一个令人置信的原因，尽管只是推测。

其实，丁玲应该还有更内在更直接的原因，这就是她一再对人提到的对沈从文笔调趣味的不满。她是一个政治性极强的人，但她同时是一个女人，一个步入暮年的女人。女人，特别是到了这种年纪的女人，很难赞同将自己的私生活毫无掩饰地公开，更何况她认为有许多是"编造"的故事。

丁玲读《记丁玲》时对这些内容的反感，绝对更甚于其他方面。

严文井回忆，1980年他看到丁玲的文章之后，有一次去看丁玲，就对她说："人家那么可怜，你何必再捎上一笔呢？"丁玲听后马上激动地说："你可不知道，

1983年5月，丁玲在上海看望巴金

他写我们三个人睡一个被窝。"（1990年4月16日与本文作者的谈话）

仔细读《记丁玲》，书中并没有写三人"同居共眠"的文字。早在20世纪30年代沈从文写《记胡也频》之前，文坛就有这样的传言，沈从文本人当时就斥之为谣言。丁玲对这样的说法深恶痛绝，并将罪责归于沈从文，显然是潜在的心理作用。

沈从文谈到他们三个人的生活时，历来采取"同住"的说法。

在写《记胡也频》时，沈从文就这样写过：

在银闸一个公寓里，我们是住过同一公寓的，在景山东街一个住宅里，我们也住在同一公寓里，到后在汉园公寓，仍然又同住在那个公寓的楼上。

丁玲说她是第一次看到《记丁玲》，但《记胡也频》发表于1931年，她是早已看过，她当时并没有就"同住"的说法提出异议。所以，凌宇这样说：

> "同住"并非"同居"，二者的区别，在汉语的习惯用法里，应当是明确无误的。"同住"二字引起的一些海内外人士的疑问，大约是受了有关传闻的影响，企图从当事人那里寻找佐证的一种联想。沈从文用不着以有意的含糊来混淆视听，以损害丁玲的名誉，至少贬损别人的同时也脏污自己，即便对沈从文自己，也不是什么聪明之举。丁玲在"同住"二字上产生的未曾明言的惊讶，似乎同她直到80年代才读到《记丁玲》一书时的整体心境有关。其实，早在1931年，她就看过有着同样提法的《记胡也频》。由于时间过去了50年，她大约是早已忘却了。

在对严文井说"他写我们三个人睡一个被窝"时，丁玲对沈从文一定有着深深的误解。这误解如今永远只能是误解了。丁玲对《记丁玲》的另外一个不满，是认为书中"全是谎言"。这显然是激愤之辞。沈从文当年创作这部作品时，说过它有时像小说，但"所记则多可征信"。晚年他仍然认为是真实可信的。

如今，将书中叙述的一切一一加以证实，显然不可能了。就是对丁玲在该书上所做的批语一一作论证也几乎是不可能的。特别是沈从文和丁玲对只有他们两人知道的事情各持一端，后人又该确信谁是谁非？

譬如，沈从文写到胡也频"最喜欢在人说话中间说话"，丁玲则说胡也频"是一个不爱说话的人，在别人说话时，他常保持沉默"。

沈从文说当年写作《记胡也频》之前，曾写信征求过丁玲的意见，而且还引用了丁玲的回信内容。可是丁玲晚年则说"事先我根本不知道"。沈从文说这本书连载之后交出版社出版是丁玲在上海一手经办的（沈当时在北京），丁玲则明确说"我未经手！"（以上均转引自陈漱渝《干涸的清泉——丁玲与沈从文的分歧所在》）

一个个针锋相对的说法，只会困扰业已出现的和仍将出现的"好事者"。

但是，有些史料却会使人们觉得丁玲的指责难以令人信服。譬如她对沈从文对她父亲的描写的批评。沈从文关于丁的父亲有这样大段的描写：

> 她的爸爸是个很有公子风度的人物，性格极好，洒脱大方，辛亥以前曾一度留学日本，按照当时风气，所学的自然是政治经济。回国后却似乎因为眼见到革命一来，由平民成为伟人的虽然不少，但由伟人地位而被别人把头割下的也很多很多。世乱方亟，不如坐以待时，这留学生因此就在安福家乡住下，并不作事。这人生平极其爱马，且极喜欢健壮的骏马，但驾驭辔纵之术并非所长，故把马买来时，就只为新的马匹，配上精美的鞍镫，派遣一个年轻的马夫，在前牵着，向城外官道上走去，自己则短装紧裹，手里拿了一条柔皮马鞭，在后边远远跟随，他的行为只在娱乐，行为中就有可爱的天真。把马牵到城外时，见有什么陌生人对于马匹加了些称赞的，他就同这个人来谈话，若这个人对于辔纵驰逐尚有些知识，他就请人上马试试。有时谈得十分投机，且见这个人对于这马匹十分称赏，他便提议把这马贬价出让。有时那骑马人决无能力购置一匹良驹，他便强迫把自己马匹赠给这个陌生的路人，以为事情皆极平常，毫不稀奇。

丁玲认为这些描写是夸大的、虚假的。她的批语是：

> 夸大了，哪里有这样傻人。我父亲固然有些公子气，大方洒脱，但他的家境也不是随便可以强迫别人接受他的马匹的。
>
> （转引自陈漱渝《干涸的清泉——丁玲与沈从文的分歧所在》）

沈从文是否任意虚构呢？

由袁良骏编写，丁玲、陈明审定的《丁玲生平年表》中，是这样概括介绍丁玲父亲的："父名蒋浴岚，……是一个挥金如土的世家子弟，曾行医散药，造福乡里。"

沈从文的描写，显然与"挥金如土"相吻合。

姚蓬子也写过丁玲的父亲，同样是突出其洒脱挥霍的特点。他写道：

> 在灯底下，她常常和我讲到她的家庭里的故事。她讲到父亲怎样爱讲究、爱漂亮，每天辫子梳得光光的，辫线自然也是最时兴的货色了。他的性格是最洒脱的，喜欢挥霍，不会管理家务，对于金钱从来不曾有过盘算和计较。有一次，他在外边看到别人骑着马儿过去，很羡慕那姿态，觉得非常的好看。于是出了重金，差人上外地去买回许多白马，每匹都给配上白缎子的绣花马鞍。时候正在春天。遍野都绿着嫩草。他邀请了许多邻舍，各骑上马背，放到一片大草坪上去。但自己又是不会骑马的。只好背着一条光滑的长辫，站在草坪边，眼看白马的蹄子在绿草上奔驰着，心里感到了一种说不出的满足和愉快。
>
> （《我们的朋友丁玲》）

姚蓬子的文章写于1933年年底，与沈从文写《记丁玲女士》几乎同时。他们一个在上海，一个在青岛，而且又是政见、文艺观点不同的人，不可能相互商量写作。但他们的文字，除细节外，其情调，其情节，却出奇地相似。他们都曾是丁玲的朋友，各自的故事来源显然出自丁玲本人。

丁玲读沈从文的作品时，距他的写作时间、距他们交往的时间已经遥远，恐怕她很难断定自己早年对沈从文、对姚蓬子有没有讲述过类似的故事。姚蓬子便说过"丁玲是很会讲故事的"。更何况沈从文的描述符合她晚年对父亲所下的定语。

无法厘清一切纠葛，无法将历史还其本来面目。纵然沈从文、丁玲都在世，他们也难以做到。

河水每天都在流动，时间每时都不同于从前，阳光每天都闪烁不同的光芒。对于往事，即使每个人的记忆是准确的，也会因为情景的变幻，意识的变迁，而得出相反的结论。

生活就是这样，因其复杂才显得多姿多彩。人，也因其复杂，才引发出无尽的话题。

沈从文、丁玲，各自的文学成就和曲折的人生道路，本身就是独立的高峰，有各自的风景。他们即使从不相识，他们即使没有恩怨沧桑，他们的过去也可以作为独立的存在而丝毫不减其耀眼的风采。

但是，历史既然安排他们相识在北京，相识在他们开创未来文学生活的起端，他们的恩怨沧桑，就不可避免地成为他们人生的一个组成部分，折射出20世纪中国知识分子的生活和性格的复杂，反映这一代人的心境历程。

他们的人生是一部大的交响乐，相互的恩怨自然是密不可分的乐章，哪怕它最后发出不和谐的音。唯其不和谐，更显其重要。唯其重要，才诱惑人们去聆听，去欣赏，于欣赏之中，更深切地了解他们，感悟各自的性格。

他们的恩怨已成过去，但他们的恩怨沧桑却是他们写出的另一本作品，它属于未来。人们会像阅读他们其他的作品一样，时时翻开它，寻觅旧的痕迹，做出新的解释，获得新的领悟。

说不尽的沈从文，说不尽的丁玲，说不尽的恩怨沧桑。

附录
《记丁玲女士》校勘辑录

说明：沈从文的《记丁玲女士》最早连载于1933年7月至12月的《国闻周报》，1934年、1939年由赵家璧的良友图书印刷公司先后以《记丁玲》和《记丁玲续集》两种出齐。结集出版时因为各种原因作品做了大量重要删改。现根据最初发表版本进行了校勘，并将重要部分辑录如下。唐弢、范用两位先生为我提供了不同版本，谨致谢意。

辑录中凡画底线"＿"者，均为《记丁玲》初版时删除部分；凡有括号（）者，则为增加部分；所写页码为所校之版本的页码。

一、《记丁玲》（良友图书印刷公司，1934年版）

1. 第14页：直到十余年后，她的同伴胡也频君为××秘密残杀后，孤单一人住在上海……

2. 第68页：据我所知，若果没有这些原因在1927到1930之间，她的作品在数量方面，应当超过目前所有作品一倍。某月报有一次退过海军学生的稿件两次，同时无形中也就毁去了丁玲女士两篇约近万字的作品。但这件事当时似乎并无什么人知道，海军学生且似乎还不如我知道得清楚，就因为有次卖书以及寄几个短稿给别处，得到代表商人利益得编辑者回信时，我们深恐海军学生难堪，竟不曾同海军学生提及。这应当是较后的事情了，我想等到写及那一章时再可以写到一些。

3. 第70页：两人在香山住下时，（虽说那么同在贫穷里支持，）也正同别的年轻伴侣一样，……

4. 第71~72页：他看清楚了那圆脸女孩子，在我（另）一方面，永远皆不能够使我引起像他那种烦乱的感情，同时且明白她需要我（朋友）处只是谈谈闲话，我（朋友）则简直忘了她是一个女子，海军学生就放心多了，同时几个人友谊也显得更好些了。

5. 第102~103页：她……便毫不迟疑，毫不矜持，走入了广大劳苦群众的集团里，在纺纱厂中，卷烟厂中，橡胶鞋厂中，以及其他处所，沉默无言的作了一个工人。在极自然的情形里，去同那些作工女人共同生活，认识那些工人的外表与灵魂，且帮忙那些工人得到生存者必备的争斗知识。……有希望的男子。……有勇气忠于理想能为理想出力的人既那么少，故后来写作生活与革命生活，成为她自己一分责任时，便越觉得"勇气悍然"是一个现代人所不可少的一分技能了。

6. 第127页：却有一位据说已经能够用日文译出书的△（　　）君。但当时想把这人请来谈谈，与△（　　）君相熟的朋友恰恰离开了北京。

7. 第136页：当两人提到一个横耿在生活中间人时，我当初还以为别是这海军学生对我有了误会，以为我还会妨碍他们的生活。经过两人的陈述，到后我才明白（这件事）对我全无关系，却对于我们数月以前在北京无意中谈及的生活计画，大有关系。

8. 第159页：我们在各书店出版取名为第二百零四号丛书的，即有单行本小说七种，海军学生此后成为问题的禁书《光明在我们前面》，……

9. 第166页：……却不妨在他那点明朗信仰上坚固顽强支持下去。我们希望每个作者当他既认为必须在某种态度下制作作品时，先不缺少认识他那所取方向价值的能力，他还不能决定那方向的得失时，就莫太勇于然否，他既决定他的信仰时，就莫因为稍受打击便即刻"投降"。然而十年来的政治现象，正奖励到所谓"自首"这种人，……因此10年来的中国新文学，（除掉一些不足道的新海派文人与永远皆在那里转变的投机分子外，）也就正只是用着……各自扮着种种小丑姿式，（以个人生活上的恩怨与个人情感上的爱憎为基础，）开了理论的场面，……成名战士（的闲人），则带着本身在各刊物上且诋造谣的故事，走如老境里去，……也有身不服老而又梗直倔强的，（带着游侠者的感情，在为弱小的事业与孤单的理想力主正义，）则依然仿佛本身站在最前线上，作为（人类）光明的火炬，……

10. 第167页：在某种方法上某种希望可以产生。（只时时刻刻作着负隅自固的神情，向近在身边受了威胁的小小一点，加以猛毒的一搏，却忘了大处远处自己所能作所应作的事情。）明白所谓纪念碑似的作品的生成，必需"把自己生活加入广泛劳苦群众的生活，自己的感情成为普遍群众的感情，自己的欲望恰是群众的欲望"，这样年纪青勇于生活勇于写作者，并不是没有人。然而这种人，幸而不被上海商人刻薄所饿死，便是被政府捕去所杀死，教授与战士，则惟各自以偏持的诚实，致慨于中国文学之无望，若把这种情景，排到在吾人印象中，同时且记着两人活着时作品之被同志所忽视，又与像丁玲女士一本销行最好的书○○○○，当海军学生被捕急于要钱时，某书店用一百六十元购取了她这本将近十万字的创作，以及被捕以前的年前十月里，穿了单衫过英美烟公司工人处作谈话，想象某店弄二十块钱还办不到，刚一被捕则书店中人便借她发了财，且誉之或承认其为革命作家的也就只是这种商人，真使人愀然无话可说。寂寞的生与悲惨的死并不稀奇，商人又有什么可稀奇的呢？这一切原皆十分自然，不过说出来时，在读者间或稍稍以为古怪罢了。中国知道敬重英国作家的有人，爱好俄国作家的也有人，但这些人却并不需要认识本国自己的作家。（读者间照例缺少作品抉择的能力，必需要批评者来作主，大多数的批评，既然只是书业中人所作的广告，结果则销行最好的书同时也就成为内容最好的书。）教授的文学观念，战士的文学观念，政府的法律，读者的趣味，……就为另一观念所缠缚，政府对于作家除了愚蠢的杀戮以外，则从不作过一次聪明事情，读者则常常一二负荷了三数盾牌迎风挂旗的流行作家，用朝三暮四的方法，养成皆毫无见解极其可怜的分子。使人觉得寂寞处，……最应感谢就还是上海的书店大老板们！书店中人使她活下来，社会统治者当想方设法毁去了这种难得的作家时，包括教授与战士在内，一切人皆仍然沉默着，如对于政府所作的其他各种蠢事一样，不发一言。中国将来若果真有所谓纪念碑似的作品，照我想来，则这作品是应当不要忘却写到这一件事情的。

11. 第174页：故她有仍然住在那人家三楼。鲁彦从福建来，恰好也住在那里，互相原就认识，故她也并不十分寂寞。

12. 第176页：并且稍前一时左翼作家的露面，已因为政府与商人两方面的合作，加上……

13. 第178页：后者使人衰老。他自己得要一点拘束，且明白一个民族一个社会得翻身，也皆得在某种强健努力中与勇敢牺牲中完成它的职务，故毫不迟疑，他们把这显然落后的工作捏捉在手，再也不放松了。好在上海不比济南，既然回来了，在租界上是不会被捉的，两人即或想把文章倾向弄得严肃一点，上海方面……也许比教书还可弄出点好成绩来。两人要更强硬一点，把自己掺进广大群众里去经验一分新的生活，做工，不拘向什么工厂去做工，也算不得什么坏事。

14. 第 183 页：我话还不说完他就说"我不愿意目下人做的理论，我不喜欢那种理论。"（我应当说"我并不同你讨论问题"，但我并不开口。）

15. 第 187 页：海军学生……还是个理性难以驾驭自己感情的人，对革命发展太乐观了些，对历史知识又少了些，"……这里不容许个人对于成败过分作计较，个人牺牲不足道，因为这是创造一页新的历史，是社会，不是个人！不要为我们担心，你来，你就明白我们是很穷困但是却很快乐的。"

二、《记丁玲续集》（良友图书印刷公司，1939 年版）

16. 第 5 页：丁玲女士……"频，你真是……坐那边去，不要胡闹，走开！（说你们的事去！）"我……且问他们半年来事实上如何打发这一大堆日子。海军学生（似乎不愿那么正正经经来讨论这个问题，）手指丁玲……

17. 第 8～9 页：我其所以一再询问他们这一件事情，倒不是猜不着他们的生活，只是想把我在武汉方面半年来与几个军人往来，所得长江方面军事局面告他一下，或者可作这个雄心勃勃的海军学生一种参考。因为各方面传说皆言海军学生受 ×× 的命令，作 ××××××，上海方面租界中的政治运动，虽常常同长江一带军事变化毫无直接关系，然（于对另一方面）××× 对于长江发展上，则有直接关系。且 ×× 方面将来的问题，若与军事发展不能相互为用，则上海方面一切计画……毫无乐观希望可言，故我意思（以为）他们对于上海以外的情况，能多知道些，对于他们或许有利益些。海军学生若当真在×××有些职务，则对于长江方面的教育，……我却明白了他对于长江方面（事情）太缺乏正确的认识了，……对于事实既有了误解，他的一切未来估想，便全盘不可依据。譬如革命罢，若革命计划是应从某地着手，组织者与煽动者首先就不能明白某地一切，这革命的得失还能有什么可说？

18．第12页：他们所知道的，也似乎还不如我从南京听来的消息翔实。（各人心中一点成见使我们仿佛疏远些）我同她谈话时，……对于这个社会制度组织下一切的现象不能弄得清清楚楚，岂不是徒然白作牺牲？（岂不是应当弄得清清楚楚？）

19．第13页："……你们对于租界以外的任何事情皆太缺乏理解了，这怎么行（为什么不离开上海租界看看，多得分经验）？"她对我这种话的回答似乎只作一个微笑，微笑中包含了"杞人忧天"的意思（味，这是一点轻微的嘲讽）。

20．第14页：武昌因售卖左翼文学书籍，一个书店经理因此就被杀了，我告她被杀的如何被杀，……且指明身在租界（不认识历史又不明了空间的作家们，）讨论大众文学之效率，……且如何在（这种）昧于事实情形中，作者种种糟蹋青年妨碍革命（社会自然进步）的决定，（具有伟大眼光的尤）不可不力加纠正。

21．第15页：海军学生……还不回来，我说："别被猎狗咬着了！"丁玲："狗越多，（近来）兽物也越机警聪明了，不碍事的。"

22．第20页：我们天天皆有见面的机会。（我对政治毫无兴味，）……

23．第21页：我知道双方事情。我看过两地排演的戏目。（我作得少，懂得多。）对于革命我不悲观，……

24. 第 23～24 页：同时 ×× 方面由于极端的颟顸，胆小，无能，对于文学思想左倾的潮流，既无能力树立自己的旗帜，用作对抗，也不知道动用政策，力图分化。唯一政策就只是每月支出一笔闲钱，雇就若干闲人，身在上海租界内，与租界当局合作，各处侦探，等候机会捉人。把人捉来以后，就一律引渡出租界，只根据雇佣侦探与自首者的报告，按照习惯的办法，将捉来到的年青人分别杀头或入狱。（当局对于这问题的看法，轻重处不甚妥当，对于文学潮流的影响，把它看得过于严重，处置也随之而严重。）×× 方面如此情形实不足为奇。就由于胆怯与不知，杀戮在某一时成为当权者一种唯一政策，……则是凡有机会在这个愚蠢（时代）社会里供作牺牲的人，皆仿佛毫不知道如何讲求避免牺牲的方法。各人皆（似乎）由于习惯（租界上）工部局的章程，又似乎全不明白自己的行为，一出了租界便成为什么案件，（得到什么结果。）故即或各人行动皆那么秘密，同志中互相皆难知道一人以上的住处，行动皆十分麻烦，每人身后常常皆有侦探跟随，然而从海军学生夫妇看来，观念却依然处处还那么洒脱！（实在是想象不到的。）畏怯原不是革命者所应有的东西，（胆小如鼠，原无济事）但过洒脱，则不免疏于敌（人）我之间的防卫。

25. 第 25 页：……则作者间实有切切实实用客观的眼光去研究的必要。（海军学生如其他年青人一样，对历史太生疏了一点。文学所能展开的场面，可谓极其缺少注意的兴味。）……

26. 第 34 页：……商量到"作家协会"进行组织的事情。……故海军学生及其他诸人，如 ×××××（叶圣陶、陈望道、章锡琛），莫不认为这个协会有产生的必要。

27. 第 42 页：……说了一个新的故事。×××（瞿秋白）在 ×× 某一时节成为上海方面 ××（负责）人，……

28. 第45页：人一出门也许就有跟随的<u>人</u>（……且说不定什么时候还会有人进屋捕人）。丁玲女士既不适宜于出门，故只好让我各处去看看。

29. 第56页：想起海军学生在监狱里被人缚着用白醋灌入鼻孔，……使我<u>十分气愤</u>（难过得很）。

30. 第57页：在海军学生失踪后数日，又陆续有了些××巢穴被××<u>方面的</u>所发现，监狱中有增加了一些青年学生，……

31. 第63页：<u>我觉得古怪的不是这种青年人的失踪，应是大多数人的麻木</u>，……多数知识阶级还扪龠谈天，专在一些无当于实际的问题上有所争论，<u>也不知道杀戮年青人的办法是一种如何愚蠢的办法，故这种杀戮还在用种种方式继续下去。</u>

32. 第67页：有经验的人就知道这犯人<u>已</u>×××（被枪毙了），轮到……

33. 第70页：监守的壮汉皆站在较远处，（有人想荡过墙边洒尿，那兵士就把大棒扬起吼着"嗨"！把那人的行为止住。各人既挤得很紧，）丁是原来不敢谈话的，皆有了机会轻轻的来谈话了。然而（各人身旁的××。）谁也不敢谈所要谈的话，……<u>说</u>（且谈）冬天落雪里的鱼价。丁玲女士<u>当真</u>（到这时，各种搜寻熟习的同道，）就同那个……

34. 第72页：原来关于××（这次租界被捕）一案的，以及在其他方面因××（政治嫌疑）而被捕的，竟全部不许同罪犯（家人）见面，……

35. 第72页：原来他们也是来探看上次被捕之一群中的××××（柔石冯铿）两个伴侣的，……

36. 第78～79页："是他，是他，他很快乐，很雄，<u>还是一匹豹子！</u>（样子不像受苦的样子！）""还有脚镣手铐！"）

37. 第80页：知道处理××案件皆××（中央党部），且此类案件即或在长江中部发生，也无不受××(南京方面)的指挥，……在×× 某一方面，若可以有些(什么)完善的办法，(能够保全他的生命,)这方法自然就有注意研究的必要。

38．第 84 页："……我看不起自首。若海军学生为了自首卖党而活，不如死了较好。……"

39．第 87 页："……你去去，一面对海军学生大有帮助，一面对于你自己的谣言也可以弄明白。……"

40．第 91 页：就是这一天下午，我同朋友 × 两人，为海军学生失踪的问题，在一个楼上小小房间里，……

41．第 92 页：我认为×××(政府假若皂白不分)把作家捉去当土匪治罪，恰恰和××(另外一时)用三块钱千字的办法，……

42．第 95 页：有说这些人的去处，是在六号半夜。各用麻袋套着头颅将运货汽车把他们(当成货物一样)搬运到黄浦江小汽船上，汽船驶出吴淞口后，被活生生地丢入江中的。又有说……

43．第 96 页：第一个消息从某报纸传出，这类残酷处置，为中国人使用也不出奇，……

44．第 97 页：方知道人从租界移提过公安局后，某一方面当时就有电给上海市长，令在×× 示威的日子(指示)，全部(当地)枪决。因为其中有几个(知名)青年作家在内，社会上正为此事深受刺激，上海地方不比内地，国际观听尤不得不使当局者作事加以思量。……再来解决，直到×× 日，恰恰是×× 方面预定开××× 大会的日子，又奉到南京来电，将二十三个人全体枪毙，……

45．第 98 页：……也一一提到了。有一对青年男女，听说几人即刻就应枪决了，便即刻吓晕了。海军学生（听说几人即刻就应枪决了，）则一句话不说，只向同伴凄惨的微笑著，且点著头（把头转着，注意那些同伴，用温和眼光去安慰那些同伴。）于是二十三个手足为镣梏缠裹口中被布片堵塞的年青人，十二个荷枪兵士，……兵士作完了是，便（沉默的）携着镣梏走了。

46. 第101～102页："……报上不是说用麻袋装好那么抛到江里去了吗？不知是真是假，那么残酷，真是一群兽物！""一群兽物还会作出比这聪明一点的事,是不能希望的！（也有人说是一群英雄）！""他们并不宣布罪状！""有什么可宣布的？牺牲的年青人正很多，内地各处每一天皆有可怕的屠杀，这里只二十三个，旁的地方不止十倍，你在广东，广东没有这种屠杀（事情）吗？"

47. 第104页："这有什么用处？（她冷笑着，意思像在说："）死去的……"

48. 第104页：大家皆没有作声,过一阵：马克思主义研究者李×教授,……

49. 第105页：我说："……南京方面不会不知道，若知道了，我们不会同××还讨论到海军学生如何可以安全的问题了。"

50. 第106页：我为他过新月去借钱，且询问海军学生最先出版那本圣徒小说的版税，……

51. 第107页：她当时仿佛那么看得简单，此后也仍然看得那么简单，打发了两年日子。（当我把那点消息告给她时，正是我再预备过南京的前一日。作母亲的在这方面，显出了人类美丽少见的风度，只是沉默地把熟睡着的孩子，放到小小的藤制摇篮里去，小孩子略微转侧了一下，她便把手轻轻拍着那小孩子，轻轻的说："小东西，你爸爸真完了，他的事情还不完。好好的睡，好好的吃喝，赶快长大了，接手做爸爸还不做完的事情。"

口中虽那么说着，声音却抖着，勉力抑制着她那激动的感情。

到后回头来凄凉的向我笑了一下，便低下头去，模仿男子的口吻，轻轻的骂了一句野话。我既然还预备过南京一趟,让×朋友在那事情上找出一点眉目,这一来自然就无须乎赶车了。我想不出一句什么可说的话。我只觉得死了的,既然在这个残酷与愚蠢的社会中死去,已无法再活回来了。问题只是还未死去的,应当如何来好好的生活下去?并且如果还要自由的有意义的活下去,又应当怎样方能避去目前的危险?还有这个生命不到三月的小孩子,有什么办法方可以莫让他饿死病死?这小孩子家乡中那个老外祖母,前不多久日子里,还寄了不少小东西来,且总希望一对小夫妇带了孩子回去一趟,如今若知道了这件事,是不是还活得下去?在那方面还没有得到上海凶信以前,这一方面又应当如何去安慰那老太太,且应当如何去哄着那老太太?我心中打量着这些问题,一时并不说话。

她于是把手边一张椅子,推送到我身边,幽幽的说:

"从文,你坐下来,我问你,你说的这件事你相信吗?"

"我可以不相信。但说那个的××,他亲自看过小胡的相片,那相片差不多就是多数人在那里最后一次留影的证明。并且同时南京方面的朋友的快信,也正提到这一点。同时其他也……!")

当海军学生死去消息证实时,她在任何熟人面前,并不滴过一滴眼泪。

52. 第110页:用孩子种种麻烦来折磨自己<u>精力与感情,</u>并不向人示弱。

53. 第111页:又听说 ××(另一)方面,对于这孤儿寡妇,还有一种一网而尽的计划。<u>××方面既作得出在毫无罪名可以宣布的情形下把一群年青人用乱枪打死,则海军学生死去以后,他们是不是还会想方设法来处置这小小孤雏,真不能为这种×户预作回护。</u>况且……种种<u>不实不尽的谣言,</u>……

54. 第112页:但到什么地方去找寻这个海军学生作伴送小孩回去?<u>海军学生已永远不能伴同回湘了,</u>若要丁玲一个人回去,……

55. 第113页：住既无法可住，走又不能即走，故(我回武昌的时间已耽误了)当我已决定不再过武昌时，我的住处一定，她就权且在我所租的房子里，同我九妹住下，再等候其他机会(便权且成了那孤儿寡妇的安身处)。

56. 第114页：左翼作家那时节则正在(于)各种压迫中，有些人已失去了原来的型范，正在那里向右向腐转(变)。上海方面各书店，如北新，现代，则皆从一些极小问题上，被有××的××之类，(各被)一度查封，或用换一经理加入编辑为条件，或用接办杂志为条件，或另外孝敬什么股分之类，又复陆续启封，且有人于顷刻之间就创立了民族文学的局面(一个新的文坛)。这其间自然有些人是自以为这一次转变(如转变过来的,自然是自以为这一次)已看准了题,再不会三心二意了。但另外则有中立作家,(在半推半就情形中,)被逼到不敢不为某些刊物写点文章撑撑门面的事。……我们若明白那时代是(什么时代)，便不至于对于左翼文学的寂寞(当时情形)而难过，而对于民族文学的发展又还有什么怀疑了。但若果……

57. 第115页：对于死者已不能再说什么，惟(便)对于还活着的丁玲，曾经有过许多(散布无数)不实不尽的谣言(增加她活着的危险与困难，)。或者说某人已过俄国，或者说人(尚)在××(上海)有何活动，或(者)说她已同左翼某某同居,(或者说)……总而言之,则不过一群上海闲人(平日)无(正经)事可作，在上茶楼吃喝之余，互相以口耳在一入时题材上，所作的无聊传述而已。

58. 第116页：传说中还有孤雏业已被××(当局方面)捉去，摔到阴沟里溺死的记录。

59. 第125页：她……得了一点钱，又从××先生(邵洵美)借了一笔钱，……

60. 第128页：……六次严密的检查，<u>先还以为他们防匪防共那么办事认真，后来知道他们所注意的，还只是烟土同吗啡，以及私行贩运的军械。</u>

61. 第132页：哄着那个老年人，（且故意生点小气，）使老年人……

62. 第136页：我既已把过武昌作事的机会失去，住在上海生活又实在不容易应付。<u>南京方面××月刊，</u>（自当发展下去，）<u>由朋友×君的主张，要我去作编辑，且可以允许我把刊物自由发展下去，</u>不受××拘束，……

63. 第136页：<u>相信文学论者从小说史的发展上来疏解文学的可能性与必然性。</u>（这种从历史言论的讨论文学），一面……"黑幕大观式的说谎"，"(挦)<u>撕揉扯旁人理论而来的大众文学主张"，"受官方豢养而来的三民主义文学"，如何不适宜于存在，</u>（以及一切流行趣味风气，）如何妨碍到有价值的作品之产生。

64. 第138页：这翻译被那记者辞退时，却为了那翻译已同丁玲合居。（这一切都可以说是偶然的，综合这些偶然的事件，便产生所谓历史。）

65. 第141页：她这些感情……并不写在她文章上，<u>熟人中却很明白她有这分感想</u>（却常常说着）。但这是一种无办法的事情。

66. 第146页：海军学生的事，政府方面似乎明白了<u>自己的蠢处</u>（过去处置的过分），正极力在那里想把（那点恶劣印象）从一般人的记忆里拭去。

67. 第163页：但这消息若果不纯出于小报的谣言，则恰恰（是）她的新的迈步，<u>同海军学生在上海参加××××××时相似。</u>把自己……当<u>海军学生在××，直到被派××××时</u>，我总觉得这个人还缺少对于自己能力与才气的认识，……

68. 第168页：北斗……也似乎还不如<u>××</u>（左联）预期那么成功。

69. 第169页：她那么被人注意，不外乎<u>×××</u>(谣言的结果)。<u>××××××。海军学生若在，犹可说为了×××，××</u>，则不过××××。

但 ×××也得××××××！

70. 第170页：一个(千)个愚蠢，是那些还想把她逮捕来发一笔小小洋财的人。……。××××(人家还想从谣言上找证据弄一笔资格！)是的，就有那么一会事，……

71. 第170页：海军学生等失踪，(中国人在麻木中忽视过去了，)他们……

72. 第174页：一见了他我就有点疑心。(仿佛这人脸就白得使人惑疑。)当我在青岛听说她快要同这个人住下时，……

73. 第175页：如今见到了这个人后，我那点疑心还依然存在。("脸那么白，如何能革命？"是的，我真这样疑心那个人。照我经验看来，这种人是不宜于革命的。)同他离开时，……第二天过，××(我住处去)，时间最好……

74. 第176页："我们在上海，……冒了险去(做些无结果的事情，)……"

75. 第184页：还听她讲叙当日关于徐家汇有组织的罢工，关于×××，关于××(许多问题)。听她谈及这些事情，……

76. 第186页：听说你同××(你那黑脸的未婚妻)来了上海，……

77. 第190页：也是必然而且必需的事情！(她自己是用她的生死作成了这样一本故事的缩影的。)

张兆和致李辉（7封）

1

李辉同志：

得来信，知你几次来到门口，均未进门，我那张条子使你白跑了好几趟，很不安。沈老出院后精神体力不如前，腿脚行动也未恢复，需要休息调理。客人一来往往打乱生活次序，客走后便感到疲乏，对养病不利。我门上贴那张条子实出于无奈。最近开会期间，还是有些老朋友来看他，其中包括巴老，那实在是不容易的会见！难得的会见！

待稍过十天半月吧，这阵子他还要镶牙，约了大夫。只要时间不超过半小时，来谈谈是无妨的。

兆和
1985年4月9日

2

李辉同志：

谢谢你给我寄来的信和报纸。想到国内外有那么多朋友关心从文，也关心到我，心里柔和得很。

你在从文逝世之前，确实如巴金所说，做了件"好事"。可惜从文去得太快，计划未能实现。不管怎样，这个结总算解开了。这个来自湘西的山里人倔得很，但一向宽厚待人，在离开这个世界之前，我相信，他谅解并且原谅一切。他是带着微笑离开这个世界的。

巴金有信给我，信中没提到从文和萧乾的事。

你的《萧乾传》他只看过一部分，说了句"真能写"。为当代人写传，能写到与史实大致相符就很不容易了。我同意他的看法。

我很好。手边有事可做，因此并不感到寂寞无聊。暂时不需要人帮忙，谢谢你。

兆和

1988 年 7 月 21 日

3

李辉同志：

巴公已有回信，想你亦已收到。信我已复印，如需用，望即来取。

兆和

1988 年 8 月 23 日

4

李辉同志：

　　你文章写的非常有说服力，单看《读书》会不会刊用。文中除在电话中提及的王云五应改为王芸生外，我们住的达子营院中有老槐一株枣一株，从文戏称为"一槐一枣庐"。

兆和

1990 年 5 月 19 日

5

李辉同志：

　　下面抄录的是 1931 年 9 月 21 日徐志摩致从文信中一段（上海—青岛）：

　　"我在此生活真不像样，每天糊涂过去，全无交代。丁玲来谈过一次，我寄了两首诗，自此更无消息，不知她的报何时出版。"

兆和

1990 年 12 月 12 日

6

李辉同志：

　　倪尔思嘱写的四个字，因为平时不用毛笔，写来不顺手，只能将就交卷，非常抱歉。今寄上，请转倪尔思先生。

瑞典使馆给我寄来音乐会请柬，可惜我无人陪伴，不使单独外出，而沈红又到凤凰去了。希望你同你夫人见到倪尔思时为我致谢，并致歉意。

朋友对你的《恩怨沧桑》颇感兴趣。我的一本（国内版）被朋友借去，迄今未还。编《从文全集》（传记卷）也需要，我想请你再送我两本，行吗？

兆和

1994年3月28日

7

李辉同志：

台湾商务已准备出版《边城》的插图本，听说目前正在湘西收集资料、拍照，看来他们很认真，估计会印得比较好。

后来他们希望进一步扩大合作，想在台湾出版繁体字本的《从文家书》。从前一段与他们的接触，给我的印象不错，商务又是出版业的老企业，在他们经理来访时，我表示愿意让他们出。经和龙朱、虎雏商量，因为他们没有火凤凰丛书篇幅的限制，准备比国内那个本子略作扩展，似比较合理。

把这事告诉你，希望你转告陈思和同志，若台港其他出版单位有出中文繁体字本《从文家书》意愿时，不要另作允诺，以免重复。对这件事，希望你给我个回信。

听人说书店有你的新作，我还没有见到，望赠我一本。

兆和

1997年11月4日

施蛰存致李辉（3封）

1

沈从文、丁玲、胡也频是1929—1930年，同在上海，住在一起，是好朋友。

沈从文不知何时和丁、胡分手？大致此时已有点不和。丁玲晚年的自叙文中说，她早年比胡也频左，似乎胡的左倾，是丁的影响。但我们在1929—1930年中，却无此印象。

胡入党到牺牲我们并不意外，我们只知道胡牺牲后，丁态度大变，左倾了。

丁被捕后，沈作《记丁玲》，此书中颇有讥讽丁玲的话，也有讥讽左翼作家及左联领导人的话，我当时看了，也觉得沈过甚。

我不知丁玲什么时候看到沈这本书，想必在南京时已见到，从此丁对沈很不满意。

李辉同志：以上是我能记忆的一个概况，是否如此我不敢说，所说"我们"，是指我和望舒、苏汶，不知可供参考否？问好。

蛰存

1990年4月25日

2

李辉同志：

　　10月23日手书及复印件收到，未及早复甚歉。近年来每日收到许多书信，无法一一作复，如果没有什么要说的就不复了。这一情况，如有人怪我，请为解释。

　　《读书》我有，你不必寄复印件来。

　　沈从文《记丁玲》一文，当年我就觉得不好。他是两面开刀号，两面不讨好，一面讽刺左联，一面批评国民党，两方面的措辞，也并非半斤八两。

　　不过，我不相信丁玲到80年代才见到从文此书，她在南京时，肯定已见到了。早有人传言，丁玲对从文不满。

　　近来关于我的文章常见，昨天《文汇报》增刊，又见了一篇这一类文章，我都有点"受宠若惊"，甚至不是"若"惊，而是"大"惊。你从"社中日记"中做文章，方法倒是很新颖，但求你说得客观些，千万不要"抬捧"我。现在的"文风"有点反常，是非、好歹、美丑，都在做翻案文章，连我这个老人，也觉得四十年来无是非了，怎么办？我希望不要推波助澜！

　　此问好。

施蛰存

1990年11月15日

3

李辉同志：

信及《恩怨沧桑》一册收到多日，谢谢。

关于我得奖事，你信中一段话，说得很好，深得我心，你可说是我的知己。

书看了三天，已看完。写得不坏，从文有许多事，我不知道，得此书，才明白。

三十年代，从文写了几篇文章，反共气息浓厚，这是他后来大吃亏的原因。

你到瑞典，见到马悦然没有？

我近来体气甚衰，正在绝对休息，不多述。如来上海，可以来谈谈，这机会怕不多了。

问好。

施蛰存

1993 年 7 月 23 日

赵家璧致李辉（3封）

1

李辉同志：

　　来信拜读，知道你是和我一样对现代文学史料感兴趣的同道者，非常高兴为你效劳并和你交一个朋友；七十年代，就是这样同姜德明同志相识，慢慢结交，至今成为一对忘年老友的。

　　沈从文先生于1934年夏把《记丁玲》全稿交我编入《良友文学丛书》中，9月1日出版时，列为第十种，初版精装本，共印4000册。当时国民党反动派在沪设有审查机关，此稿送审后，被迫删去最后的1/3，至今你可在版权页上看到审查证第97号的说明。1934年时<u>没有出版过</u>《记丁玲续集》的精装本。

　　抗战爆发，良友图书公司因地处战区，损失惨重，随即宣告破产停业。1939年，改组成立良友复兴图书公司，我任总编辑；为了适应战时孤岛上海的经济环境，把精装本的《良友文学丛书》一律改为普及本。鉴于当时国民党审查会早已逃亡撤销，我便把未发表的《记丁玲》最后部分，用"续集"

名义，印了普及本初版；1940年5月，这个普及本又再版了一次。我在上海图书馆的内部资料室中见到过此书，但我自己托上海书店旧书门市部代觅一本，至今未得。我自己收藏的良友版各种图书，经过"十年浩劫"，也已残缺不齐了。

何日出差来沪，欢迎你来舍谈谈，请先用电话约定，定当恭候大驾光临。

见到德明同志，代我向他问好。顺颂

编安

赵家璧

1990年4月17日

2

李辉同志：

4月23日来信收到。

前天见到4月21日《文艺报》上刊有周良沛写的《也谈所谓丁、沈"文坛公案"》一文，也是提到良友版《记丁玲续集》的，可见此书社会影响至今还引人议论。我是历史见证人，手中还留有沈、丁二人的亲笔信。你说已将《国闻周报》上的最初发表原文复制了一份，引起我很大兴趣；可否代我复制一份寄我，以便仔细核对，好好回忆，找个水落石出。所需材料费用，通知即汇。如蒙成全，不胜铭感。即颂

编安

赵家璧

1990年4月29日

3

李辉同志：

来信及复印件十页均已收到，谢谢！为了写好一篇史料文章，你这样多方征求材料，对原作认真进行调查研究的学者态度，值得钦佩。

《记丁玲》是在上海设有国民党反动派审查会的1934年4月出版的。我们把作者原稿送审后，正如鲁迅先生复我赠书后于是年9月1日信中所说："《记丁玲》中，中间既有删节，后面又被截去这许多，原作简直是遭毁了。"书末印有一段《编者语》。声明还有三万字因故未能发表，说的也是事实。

1940年良友复兴图书公司出版《记丁玲续集》时，审查会已撤销了。此书文末，作者写了两条附注：

二十二年十二月十二成于北京

二十八年七月二十六补校于昆明

可见当时作者在西南联大执教时，又在原文上作了较大幅度的增订，字数不是原来所说的三万字左右，而是六万字左右的小册子了。

当年，我有珍藏作者来信的习惯，共有七百余封，"文革"期间，被迫全部上交。我在过去所写文章中屡次提及此事。迄今并无发现（我单位人事部门说运动期间已作废纸处理，我不信此说）。否则查对一下，即可弄清来龙去脉。第四届文代会时，与沈从文先生重新见面后，虽又有些书信往来，但都未涉及《记丁玲》的事。至于丁玲女士对该书的否定态度，那是大家所知道的，所以我写的几篇回忆丁玲文章里，都有意识地讳避提及此书。我这里实在没有什么新材料可供你作参考,非常抱歉。

何日来沪出差,欢迎你来舍谈谈,请先用电话一约,当恭候大驾光临。即颂

编安

赵家璧

1990 年 6 月 1 日

刘祖春致李辉（2封）

1

李辉同志：

来信及《湘西原本多侠气》收到。大作已看过,因为我也订有一份《读书》。我的中学同学余培忠信今天才寄给我,请谅。我病了一个多月,把这件事忘了。好在你的著述尚在进行中,余信中说的"胆小"问题恐系对沈先生对当时国内解放战争性质不理解有关。你意以为如何？病前我写了一篇怀念沈先生文章,约三万多字,已交人民文学出版社李曙光同志,文中对一二名人略有微词,恐编辑先生难以通过,文不附时,早在意料中。顺致

近好！

刘祖春

1990 年 11 月 2 日夜

盼示复。余信中提到的《芜原》,乃我与金、李三人在校办的油印文艺刊物。

金已于解放前病故湘西很艰苦的工作岗位上，李尚健在台湾。又及。

2

李辉同志：

《将军梦》和《谈从文》奉函，请查收。有一件小事请你帮忙查查，我曾在人民日报社参加一次延安地区来人召开的筹建清凉山《解放日报》纪念馆问题的座谈会，因为我在《解放日报》工作几年。但我记不起这次座谈会是何年何月开的。

人民日报社有不少曾在《解放日报》工作的同志，烦打听一下，告我，谢谢。余培忠的信已找不着了，可能已处理了。我为你即去信一问。他身体不大好，久不通信，如果人已作古，就只好作罢了。最近我又看了《丁玲续记》。看来她之所以对从文怀恨在心，就因为从文说到她与一个小白脸同居在莫干山且生了一女，而此小白脸可能又是引国民党诱捕她的人。她自然不能在这上面做文章，只好用胡也频的问题。但非常不利于她的是《记胡也频》在《时报》连载以后，出版此书事宜又全由她一手承办。人有私心，要把所有破绽包起来，是不大容易的。

顺致

大安！

刘祖春

1991 年 7 月 18 日

余培忠致刘祖春（1封）

祖春兄：

　　七月卅日的手札昨日收到。大概是你在信封上忘了写"附中"二字，只写了湖南师范学院，邮递经过一番周折迟滞了些时日。

　　1987年你来信要我将1934年在常德会见从文师的实情写成短文转送有关刊物的事，我曾在收到信后及时写了封长信寄你，内容除摘抄《魍魉世界》的有关文字外，主要说明丁文有三点与事实不符：一、湖南第二师范学校的校名在1934年以前早已改为"湖南省立常德中学"；二、当时沈老路过常德时不是住在第二师范学校（即常德中学）内，而是住在一个凤凰人开的"杰云宾馆"；三、当时去拜会沈老的只有几个学生，不是"部分师生"，而我是这几个学生中的一个。这几个学生去拜会沈老的目的有二：一是想了解有关"丁玲失踪"的实际情况；二是想得到沈老对于酝酿创办芜原文艺社的指导和支持。至于我们是否曾向沈老建议，要他去探望丁玲的母亲，则反复回忆也记不起来。但估计有些可能。因为：（一）我们去拜望沈老的第一个目的足证我们当时对丁玲十分关切；（二）在同年夏秋之际，丁玲的母亲送胡也频的儿子去上海，路过常德，我们曾迎接他们祖孙到常中与我们见面。而当时同去拜望沈老的几个同学除听说李谊之远在台湾之外，其余的都已作古，无法取得佐证。我以为丁文与事实不符的三点和丁沈交恶无关紧要，勿须写成短文。没想到这封长信竟没有寄到。后来又怕你的住址有迁移，因而久未给你写信。

今年六月初接到《人民日报》李辉同志七月廿一日的来信，说你向他建议要我就此事写点回忆与意见给他，供他撰写丁、沈关系的文字时参考。我收到信后四五日即写了一封复信给他，除重复给你的那封信的内容之外，还提出我对于沈老为人的粗浅看法——沈老诚挚谨慎，胆小怕事。1938—1946 年我在西南联大当学生，在上"大一国文"那一段，给我们教"现代文习作"（同时给我们教"文言文习作"的是浦江清先生），他对我的作文曾当面批改过，我也曾几次去他家里探望过，除谈些湘西风物和学习方法外，从不涉及时事。1945 年发生"反内战""争和平、民主"运动，酿成"一二·一"惨案，联大教授中专心研究学术对政治从不表态的杨振声、朱自清、冯承植（冯至）、卞之琳等都公开表示愤慨，声讨国民党反动派的暴行，为学生伸张正义，而沈先生却默不作声。

李辉同志给我信的前后签名把李辉写成李文军，所以我在信封上写的是"人民日报李文军"。李辉同志没有收到这封信可能是这一原故。请他到《人民日报》收发处查一查。如何？

我和我的老伴都七十有四，身体尚可，差堪告慰。希常赐教！

谨祝

康泰！并问

王大姐好！

弟　培忠顿

1990 年 8 月 11 日

邵燕祥致李辉（1封）

李辉兄：

你好！

接来信并校勘件，即捧读，你做了一件有意义又有兴味的事情。

我的文章，如是复印件的《散文世界》（89.2）上所刊稿，就没有问题，如据《长河不尽流》版本，则需改一误排之句：

"但总遇到一种客观的力量制止着（我）和别的尊重（沈先生）的人（：）不许！"书上漏去四个字和一个标点，就不知所云了。

向丁玲约稿时，我是随同三位主编即《诗刊》主编严辰、副主编邹荻帆、柯岩一起去的（当时我是编辑部主任），约丁玲写一篇谈胡也频的文章，她答应了。当时在场的还有陈明和张凤珠。那是我唯一一次到木樨地丁家去。后来丁写成后可能是寄交严辰（因严辰、逯斐夫妇与丁玲关系较深，延安时同在"文抗"，胜利后在张家口逯斐与丁、陈明同写剧本《望乡台畔》，五五年逯又因丁案牵连受处分）。稿子转到我手，由我编发。记得我和严辰、荻帆之间谈过此稿涉及沈从文，颇与我们介绍胡也频初衷相悖，但都无可奈何。

丁文发出后，我觉得没法向沈先生交代，每月我亲自给沈先生寄赠《诗刊》，那一期竟犹疑推迟了一段时间。后来正巧一次路遇吴泰昌，他说要去沈先生处，我便托他转致口讯，请沈先生谅解，并冒着胆子说沈先生不妨写点什么（我不敢保证沈先生如来稿能否发出，但我想有丁文在前，沈来辩诬当可争取发表。）此后，吴泰昌《紧含眼中的泪》一文涉及，转述意思大体不差，原刊《收获》，收入《长河不尽流》一书中。

我其实接触的一些朋友，都是对丁文不满，替沈先生打抱不平的。当时似有沈先生早年的学生或外地的朋友复印了沈以及在沈影响下胡适、徐志摩抗议国民党捕丁玲的文字。至于丁玲本人方面，没听说她有什么意见或"悔过"之心。

徐迟同志前年下半年在《长江文艺》（或《长江丛刊》）上披露了沈先生当时给他的一封长信，表示对此事态度甚详。我以为或是沈先生有意识为此，以借身后存真的。不知你读到过没有？姜德明同志处有复印件，寄我看过。他寄我看，一是因为我们说起过此事，一是因为他原拟在《散文世界》转载。盖《散文世界》去年第二期刊发我关于沈先生悼文，郁风同志阅后有一信交姜转我，我亦回信，都说起我们对沈先生的怀念及为沈先生不平，德明兄原也准备一起刊发的。沈老致徐迟长信，你可在《长江》或《长江文艺》上找到，如要看郁风和我就此来往的信，则只能问德明兄了，——我记得，可能因风云突变，《散文世界》后来就把转载之事搁置了。

当时《诗刊》经手此事者，严辰同志已因脑软化失去记忆，柯岩女士不便征询，惟获帆同志尚健，便中不妨一问，因他于人际关系一向注意，有关事情或能从这方面提供一些线索，他的电话是四二一四二〇六，人是热情的。

不知说这些对你有用否？

祝

双好

见范用同志，烦代致意。

燕祥

1990 年 3 月 4 日

你的电脑打字，清晰可喜。你有此，简直如虎生翼矣。校勘件上有些原书上的错字、漏字想必不改了吧。有两处应为"的"误为"得"，不知是打字之误，还是当时书上失校。

曾卓致李辉（1封）

李辉兄：

　　承赠书，谢谢，当即读了，如姜德明所说，我也是一口气读完的。你很细心，多方引用并比较多种材料，作出自己的判断和分析，又能站在公平的立场上加以立论，因而全书是有其价值的。

　　我将周良沛的《丁玲传》加以对照了一下，你书中说沈在解放初期向丁借钱可能不确，而在《丁玲传》中则有沈给丁的信证明确有其事。另还有几处你们两人述叙也不太一致。此书你想必看过，虽出得比你的书早，却写成在你的书之后，作者的倾向性是明显的。

　　我动手术后，情况尚好，只是记忆力衰退得厉害，且经常头晕，心情不免浮躁。

　　匆匆不一，祝

　　安

卓

1993年9月23日

萧乾致李辉（1封）

李辉兄：

　　信悉。关于沈从文，此信我一定写，也只写给你。因为在他与丁玲之间的关系上，你持论公正，你不会怀成见。同时，你熟悉三十年代我们那一堆人。不但我将写，而且杨振声老师的公子杨起也答应给我写一信，内附1979年沈为《杨振声文集》所写的而未能用的序。

　　但我目前战役是"尤"（《尤利西斯》）。（收到了吗？我是请南京李景端社长直寄你及应红各一册的。）中卷七月可出（南就也直寄，我开的名单）。我们正在为最后三章而拼搏（已完成其一了）。这段日子，除了一二急文（序？）外，只好全力以赴地搞"尤"。

　　祝
　　双好

萧乾
1994年6月2日

后记

李 辉

我们每日都在生活,每日都承受着现实的一切。翘望未来与凝眸历史,自然也是现实的一部分,它们充实着现实中的生命。

与此同时,生活一天天走向未来,也就一天天成为历史。历史,不管它是整个世界、民族、国家的历史,抑或是个人之间的历史,只要一旦成为过去,它就会是只将峰顶露出水面的冰山,人们也许永远不能知道水下面的一切到底是什么模样。

面向历史时,人们会显得多么渺小。描述、追索、解说,一切都会苍白无力。简单的、无意识的、偶然为之的某一历史瞬间,也许会被解说得无比复杂而意味深远;错综复杂的、影响巨大的某人某时某地,却又极可能被视为林间随意飘过的一阵清风而弃于荒野。

河水每天都在流动,时间每时都不同于以往,阳光每天都闪烁不同的光芒。对于往事,即使每个人的回忆是准确的,也会因为情景的变幻、意识的更换,而得出相反的结论。

一切,一切,都是当面对历史事件、历史人物时,不得不产生的彷徨和犹豫。然而,诱惑也往往与彷徨、犹豫相随。不管生活有着何种何样的矛盾、困惑、伤感,历史人物和事件的回溯,总是会让我感受到乐趣。故纸丛中,悠悠往事,依然活现着生活的新鲜和复杂,活现着一个丰富的性格。在历史的观照下,寻找现实生活的脉络和意义,有什么能比这样的追寻更具诱惑呢?

看来,我会不断地追寻下去。这也就是我在完成《胡风集团冤案始末》之后又选择写沈从文和丁玲的缘由。同一个震撼中外的千古冤案相比,沈从文和丁玲的恩怨沧桑,的确显得轻飘。但是,把笔触伸向这样一个历史话题,并非是疲倦的旅人躺在清凉的草地上以获得美妙的小憩。

沈从文、丁玲,作为中国20世纪两位著名作家,他们各自的成就和人生道路,本身都可视为独立的巨大存在,有各自的风景。他们即使从不相识,他们即使没有恩怨沧桑,他们的生活仍然可以在历史舞台上不减其丰富色彩。但是,历史既然安排他们相识在北京,相识在五四新文化蓬勃兴起的时代,相识在他们开创各自未来文学生活的开端,那么,他们的恩怨沧桑,就不可避免地成为他们人生的一部分,折射出20世纪中国知识分子的生活和性格,反映这一代人的心境历程。从20世纪20年代相识,到80年代相继去世,沈从文和丁玲的交往经历了友好、冷淡、隔膜、攻击等不同阶段,他们的人生观念和生活的喜怒哀乐,是随着中国政治历史的变迁而不断变幻场景和色彩的。他们的人生是一部大的交响乐,相互的恩怨自然是密不可分的乐章,哪怕它最后发出不和谐的声音。唯其不和谐,更显其复杂和重要。唯其重要,才诱惑人们去聆听,去在历史的追寻中更深地了解他们,感悟未曾感悟的人生,感悟他们独特的性格。

一个现实的人,很难对历史人物做出准确的评说。但力求通过客观的、言之有据的叙述,来勾画历史的轨迹,总是作者的愿望。简单的是与非,简单的评判,不属于作者的笔。为人们描绘史料中呈现出的性格和有意味的话题,这便是作者写作时时常飘飞的思绪。

对于沈从文、丁玲这类一生经历过一次次大起大落的文人，不管从哪种角度审视，大概都会有意想不到的收获，并能给予人们以启迪。从某种意义上说，阅读一两个文人的生活也就是在阅读历史。对他们的情绪、品行、性格的了解，也就是在审视文人丰富多彩的各个层面。看到沈从文、丁玲不同的性情、不同的人生态度、不同的文学趋向时，我仿佛觉得又多了一些人生体验，多了一些对历史的认识，甚至对于现实中的文人的认识，也会因此而丰富起来。

沈从文和丁玲，即使在关系最为密切的二三十年代，性格的不同，也是显而易见的。以性格而言，沈从文温和，丁玲泼辣；沈从文以一种虽然带有愤激，但总体是平和的目光审视人生和社会，丁玲则以火一样的热情和疾恶如仇的目光，对待一切使她不满的生活和社会。

沈从文并非如丁玲所言习惯安于现状，他也有一种对改变自己生活的热情，但他的这种努力和追求，是默默地不停歇地朝着一个自己确立的目标走去。譬如，为了走上文学殿堂，他孜孜不倦地写了一年又一年，最后终于获得成功。这就使他把文学一直作为一种事业，一种独立的生活。而作品本身，虽然同样也有对社会的批判性勾画，但更多的是以自己独有的艺术家的视角，对人的生命及其生存方式的关注。

丁玲则始终怀着一颗躁动不安的灵魂，热情充溢全身，时刻等待着迸发的机会。她并不像沈从文或胡也频一直做着文学的梦，但随着她热情的释放，她突然就名震文坛，在她那里，小说与其说是文学，不如说是她的感情、灵魂与社会的一种交叉，一种对生活的介入。所以，她的作品常常以对现实生活的及时反映，以愤激、以灵魂的躁动，在文坛产生轰动，引起人们的强烈共鸣。

不同性情，不同的艺术天性，决定了他们各自的文学取向，同时也决定了他们对社会、对政治的不同态度。从而，他们的恩怨沧桑，最终也必然以无尽的遗憾而画上一个残缺的句号，留给人们久久的感叹。当透过故纸堆和众说纷纭的回忆看到这一点时，我真正感到了追寻历史人物的盎然意趣。

他们的恩怨已成过去，但他们的恩怨沧桑却是他们写出的另外一种作品，它和他们的所有作品一样，属于现实和未来。人们会像阅读他们的其他作品一样，时时翻开它，寻觅旧的痕迹，做出新的解释，获得不同的领悟。

说不尽的沈从文，说不尽的丁玲，说不清的恩怨沧桑。生活便在这种说不尽或说不清之中，成为令后人不断追寻的历史。

1991 年 4 月 6 日于北京